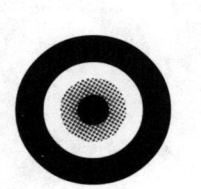

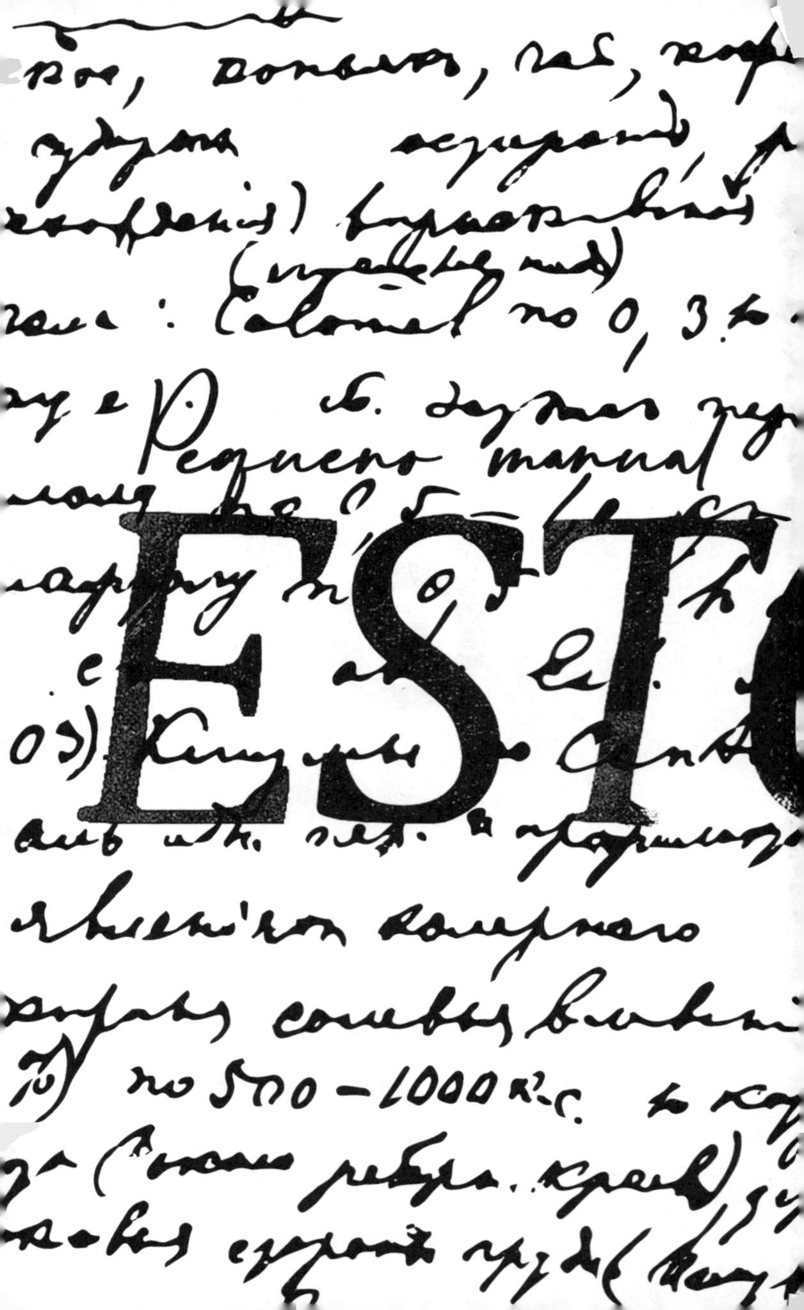

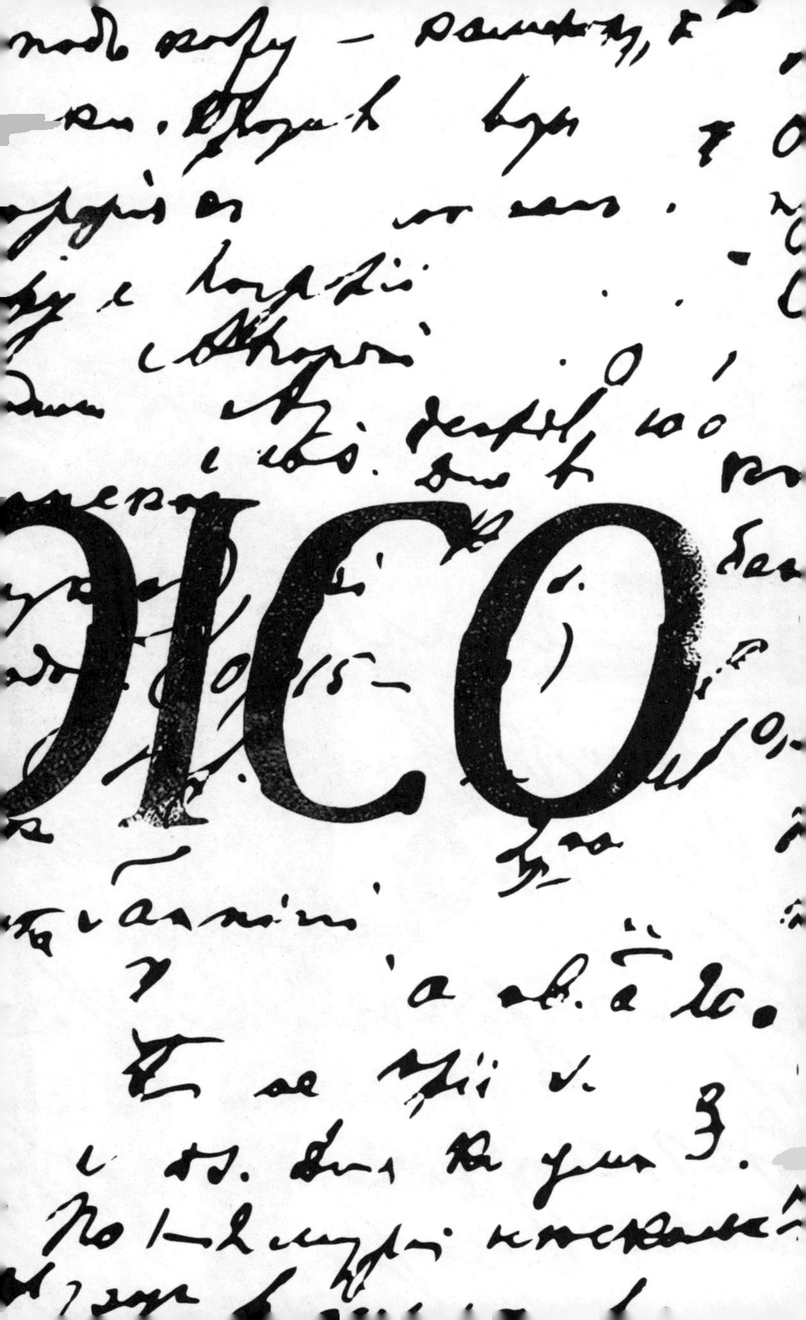
ICO

DADOS INTERNACIONAIS DE
CATALOGAÇÃO NA PUBLICAÇÃO (CIP)
Jéssica de Oliveira Molinari CRB-8/9852

Salzgeber, Jonas
O pequeno manual estoico / Jonas Salzgeber ;
tradução de Fernanda Lizardo.
— Rio de Janeiro : SOMOS Livros, 2021.
304 p.

ISBN: 978-65-5598-110-0
Título original: The little book of stoicism

1. Estoicos 2. Filosofia antiga
I. Título II. Lizardo, Fernanda

21-3104   CDD 188

Índices para catálogo sistemático:
1. Estoicos

....

O PEQUENO MANUAL ESTOICO
Copyright © 2019 by Jonas Salzgeber
Tradução para a língua portuguesa
© Fernanda Lizardo, 2021
Ilustração de guarda: Henry Lyman Saÿen

Esta obra contém ensinamentos valiosos
e transformadores para guiar eternos
aprendizes em sua redescoberta filosófica.
O equilíbrio diante dos desafios do
dia a dia está em suas mãos.

SOMOS APRENDIZES

SOMOS Conselheiros
Christiano Menezes,
Chico de Assis, Raquel
Moritz, Marcel Souto
Maior, Daniella Zupo

SOMOS Criativos
Design: Retina78, Arthur
Moraes, Sergio Chaves
Texto: Maximo Ribera,
Isadora Torres

SOMOS Propagadores
Mike Ribera, Giselle Leitão
SOMOS Família
Admiração e Gratidão
SOMOS impressos por Geográfica

SOMOS
LIVROS

Todos os direitos desta edição reservados à
Somos Livros® Entretenimento Ltda.
Coffee HouseXP® Entertainment and Media group

© 2021 SOMOS LIVROS/ COFFEE HOUSE.XP

JONAS SALZGEBER

O Pequeno Manual
ESTOICO

Tradução
Fernanda Lizardo

ᏕOᎷOᏕ

O Pequeno Manual ESTOICO

SUMÁRIO

APRESENTAÇÃO
SABEDORIA ATEMPORAL .12

PARTE 1

O QUE É ESTOICISMO? .22

CAPÍTULO 01
Promessas estoicas .23

CAPÍTULO 02
Uma lição de História .41

CAPÍTULO 03
A Felicidade Estoica .57

CAPÍTULO 04
O Grande Vilão .117

PARTE 2

55 EXERCÍCIOS ESTOICOS .132

Estoicismo na prática .133
Exercícios de preparo .143
Exercícios situacionais .203
Exercícios do dia a dia .253

BIBLIOGRAFIA ESTOICA .298

GRATIDÃO .300

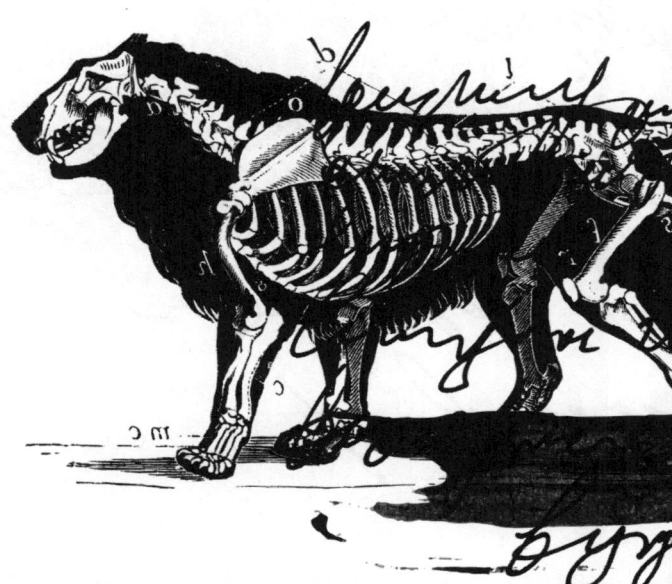

O poder da filosofia

"O poder da filosofia para amortecer os golpes do destino é inacreditável. Nenhum projétil consegue se instalar no corpo dela; está bem protegida e é impenetrável. Ela frustra a força de alguns projéteis e os repele com as camadas amplas de suas vestes, como se eles não detivessem o poder de ferir; de outros, ela se desvencilha, e os rebate com tanta força que eles ricocheteiam no remetente. Adeus."

— **SÊNECA** —

Sabedoria Atemporal

"Eis o resultado da sabedoria: um constante e imutável tipo de alegria."
SÊNECA

apresentação

Talvez você já tenha topado com uma citação sagaz de algum antigo filósofo estoico ou tenha lido um texto com algumas ideias estoicas inspiradoras. Talvez você já tenha ouvido falar a respeito dessa filosofia útil e próspera por meio de um amigo, ou até tenha lido um ou dois livros sobre estoicismo. Ou talvez, embora as chances sejam muito baixas, você jamais tenha ouvido falar desse assunto.

Enfim, deparar-se com o estoicismo por aí é a parte fácil. Compreender e explicar exatamente o que ele é, no entanto, é a parte complicada. Reconhecer e enxergar exatamente como ele é relevante hoje, e como pode ajudar você, é a parte desafiadora. Absorvê-lo completamente e colocá-lo em prática é a parte ambiciosa — e é aí que está o tesouro.

O que os estoicos ensinaram e colocaram em prática na era dos gladiadores que lutavam por suas vidas e dos romanos que socializavam em banhos comunitários ainda é notadamente aplicável nesta era de *Game of Thrones* e Facebook. A sabedoria dessa filosofia antiga é atemporal, e seu valor na busca por uma vida feliz e repleta de significado é inegável.

Com este livro, você tem o mapa do tesouro nas mãos. Ele apresenta os principais filósofos do estoicismo. Fornece uma visão geral e de fácil compreensão dessa filosofia. Ele ensina os princípios básicos. Ele fornece 55 exercícios estoicos e dicas úteis para serem colocados em prática nos desafios do cotidiano. E o mais importante, ele mostra como vertê-los das páginas para a ação no mundo real.

• • •

Maneiro! Mas como é que um jovem de vinte e poucos anos tem condições de traçar o mapa do tesouro estoico para uma vida boa? É justo, eu também estaria questionando a mesma coisa. Depois de muitos anos na escola e na universidade, eu estava de saco cheio de ler livros e artigos acadêmicos e de aprender sobre coisas que de fato não me ensinavam nada de útil para a vida real. Então, literalmente no dia seguinte à entrega do meu trabalho de conclusão de curso, deixei meu país e dei início à minha longa viagem de sete meses pelo mundo. Eu queria escapar, conhecer lugares e culturas, mas, principalmente, queria me conhecer para tentar entender o que eu queria fazer da vida quando retornasse. Esta última parte não deu lá muito certo; no entanto, descobri *sim* outra coisa: "Será que perdi as aulas em que ensinavam a gente a viver?!"

Em quinze anos e meio de escolaridade, aprendi matemática, física, química, biologia e um monte de outras coisas, exceto como lidar com situações desafiadoras. Como enfrentar meus medos e batalhas? O que fazer com meus sentimentos depressivos? Como lidar com a morte do meu amigo? O que fazer com a minha raiva? Como ser mais confiante? É, acho que perdi todas essas aulas. Isso, a propósito, é exatamente o que as escolas de filosofia costumavam ministrar no mundo antigo, elas ensinavam a viver. E muito embora essas escolas não existam mais, você e eu, e a maioria das pessoas, precisamos mais do que nunca de uma filosofia que nos ensine a viver.

Para resumir a história, resolvi investir em mim e aprender a viver bem. De toda a sabedoria que devorei nos anos subsequentes, a filosofia estoica foi a que mais me ajudou, muito embora eu não tenha começado com esse afinco todo. Antes de saber (qualquer coisa) sobre essa filosofia, eu achava tudo isso a coisa mais chata do mundo.

Dei uma chance mesmo assim, fiquei viciado e, desde então, tenho sido um estudioso e praticante voraz da filosofia estoica. Mas ainda que eu tenha lido e relido um monte de livros, sempre me faltou uma fonte capaz de proporcionar uma visão geral simplificada e de explicar o que exatamente é o estoicismo. Sendo assim, um dia escrevi um artigo enorme com essa exata intenção: fornecer uma visão geral dessa filosofia e explicar do que se trata. Felizmente, muitas pessoas adoraram o artigo e o consideraram extremamente útil — tanto, na verdade, que alguém roubou o exato conteúdo, fez um livro e o vendeu. Isso não apenas testou minha mentalidade estoica pessoal, como todas as cinco estrelas que aquela obra recebeu me mostraram que as pessoas realmente *desejavam* aprender mais sobre essa filosofia.

Então cá estou eu, escrevendo apaixonadamente sobre o que teria me poupado incontáveis semanas de pesquisa, e que teria fornecido uma sabedoria tão procurada e desesperadamente necessária dessa filosofia exemplar. Tenho certeza de que este livro será útil para você em sua busca pela vida boa.

Porque é exatamente nisso que o estoicismo mais ajuda: ter uma ótima vida.

• • •

Seja lá o que você esteja passando, sempre existe um conselho estoico capaz de lhe ajudar. Apesar de a filosofia ser muito antiga, sua sabedoria muitas vezes soa surpreendentemente moderna e recente. Ela auxilia na construção de resistência e força para aguentar os desafios do dia a dia. E pode ajudar você a se tornar emocionalmente resiliente para que não se deixe perturbar por acontecimentos externos, e nem se permita ser irritado pelas pessoas. A filosofia estoica pode ensinar você a se controlar e manter a tranquilidade no meio de uma tempestade. Pode ajudar na tomada de decisões e, portanto, simplificar drasticamente a vida cotidiana.

"Aquele que estuda com um filósofo", diz Sêneca, "deve levar consigo algo de bom todos os dias: deve voltar para casa diariamente como um indivíduo mais sólido, ou no caminho para assim se tornar." A prática do estoicismo auxilia você a melhorar como pessoa; ensina você a viver conscientemente em acordo com um conjunto de valores desejáveis, como coragem, paciência, autodisciplina, serenidade, perseverança, indulgência, bondade e humildade. Suas muitas âncoras oferecem segurança e orientação, e vão aumentar sua confiança.

E *você* também tem como conseguir isso. Na verdade, a filosofia estoica fez da vida boa uma meta alcançável para todos, penetrando todas as classes sociais — seja você rico ou pobre, saudável ou enfermo, diplomado ou não, isso não faz diferença na sua capacidade de viver a vida boa. Os estoicos eram a prova viva de que era possível ser exilado em uma ilha deserta e ainda assim ser mais feliz do que o morador de um palácio. Eles compreendiam muito bem o fato de que as circunstâncias externas e nossa felicidade estão ligadas por uma conexão frouxa.

No estoicismo, é muito mais importante o que você *faz* com as circunstâncias apresentadas. Os estoicos reconheciam que a vida boa depende do cultivo do caráter do indivíduo, de suas escolhas e ações, e não do que acontece no mundo incontrolável ao redor. Isso, meu colega estoico, está na raiz de um aspecto complicado e ao mesmo tempo altamente atraente do estoicismo — é o que nos torna responsáveis e nos priva de qualquer pretexto para não viver a melhor vida possível.

Você e eu somos responsáveis pela nossa prosperidade. Somos responsáveis por não permitir que nossa felicidade dependa de circunstâncias externas — não devemos permitir que a chuva, um desconhecido chato ou a máquina de lavar roupas vazando decidam sobre nosso bem-estar. Do contrário, viramos vítimas indefesas das imprevisibilidades da vida. Como estudioso estoico, você aprende que só *você* pode estragar a sua vida e só *você* pode se recusar a deixar seu eu interior ser dominado por qualquer desafio desagradável que aparecer.

Sendo assim, o estoicismo nos ensina a viver em acordo a um conjunto de valores que contribuem para a resiliência emocional, para a confiança tranquila e para um direcionamento claro na vida. Assim como uma antiga bengala confiável, este é um guia para a vida que se baseia na razão em vez de se basear na fé, um guia que nos apoia na busca pelo autocontrole, perseverança e sabedoria. O estoicismo nos torna seres humanos melhores e nos ensina a atingir a excelência.

Suas poderosas técnicas psicológicas são quase idênticas àquelas comprovadamente eficazes de estudos científicos denominados Psicologia Positiva. Não estou acusando os pesquisadores de apropriação indébita, mas os exercícios discutidos na Psicologia Positiva parecem suspeitosamente semelhantes àqueles que os estoicos adotavam há mais de 2 mil anos. O fato de a pesquisa moderna frequentemente andar de mãos dadas com o que os estoicos ensinavam só faz dessa filosofia ainda mais atraente. Além disso, o estoicismo não é rígido, e sim um tanto aberto, e visa buscar a verdade. É como diz um ditado em latim: "Zenão [fundador do estoicismo] é nosso amigo, mas a verdade é mais nossa amiga ainda".

• • •

Se olharmos ao redor, veremos inúmeras pessoas que realizaram o sonho de ter uma mansão de ouro, um Porsche 911 e um emprego com um salário polpudo, e ainda assim elas não estão mais felizes do que na época em que moravam em um apartamento mofado, tinham um carro velho enferrujado e um emprego que pagava mal. Elas vivem de acordo com uma fórmula mais ou menos assim: se você se esforçar, vai ter sucesso e, assim que chegar lá, *aí sim* vai ser feliz. Ou seja, se eu concluir/conseguir/conquistar isso e aquilo, *aí sim* serei feliz. O único problema disso? Essa fórmula não funciona. E depois de seguir esse mesmo modelo durante anos, essas pessoas se perguntam: *é só isso mesmo que a vida tem a oferecer?*

Não, não é. A questão é que muitas pessoas não ficam mais felizes conforme envelhecem, elas não melhoram em nada. Elas simplesmente vão seguindo pela vida sem direção, cometendo os mesmos erros repetidamente, e aos oitenta anos de idade, estão do mesmo jeito que estavam aos vinte: longe de estarem mais perto de uma vida feliz e repleta de significado.

De fato, não deveria ser tão difícil assim para muitos de nós adotar uma filosofia de vida que oferece orientação, direcionamento e um sentido mais amplo para a vida. Sem essa bússola, existe o risco de, apesar de todas as nossas boas intenções, terminarmos correndo em círculos, sempre perseguindo coisas inúteis e, no fim, levando uma vida insatisfatória, com muito sofrimento emocional, arrependimentos e frustração. Uma vez que não é preciso muito esforço para dar ao estoicismo uma chance de virar sua filosofia de vida, não há nada a se perder aqui, mas muito a se ganhar.

• • •

A promessa deste livro é de fato a promessa da filosofia estoica: ele ensina a se viver uma vida extremamente feliz e fluida, e a manter essa sensação mesmo diante das adversidades. Ele prepara você para qualquer coisa, como uma fortaleza — inabalável, com raízes profundas, emocionalmente resiliente e surpreendentemente confiante e consciente, mesmo em meio ao pior dos infernos.

O estoicismo é capaz de melhorar sua vida em momentos bons, mas é nos momentos ruins que sua eficácia se evidencia. Ele pode ser a luz que mostra o caminho quando você está no breu total dos momentos depressivos. É ele que segura sua mão quando você necessita de confiança para minimizar o sofrimento emocional, domando vilões como a raiva, o medo e a tristeza. Ele pode ser um degrau para alcançar a tranquilidade necessária quando você estiver metido em problemas até o pescoço. Pode ser sua espinha dorsal quando você precisar de coragem, ainda que esteja tremendo feito vara verde. Pode ser o palhaço que o acorda e sorri quando você mais precisa.

Em suma, o estoicismo não apenas mostra o caminho, mas também lhe dá a chave para uma vida boa. Tudo o que você precisa fazer é seguir o trajeto, girar a chave e entrar. Então, o professor estoico Epiteto pergunta: "Quanto tempo mais você vai esperar?"

• • •

"Quanto tempo mais você vai esperar antes de exigir o melhor de si?" Você não é mais uma criança, mas uma pessoa adulta, e mesmo assim procrastina, Epiteto lembra a si. "Você não notará que não está fazendo progresso, mas viverá e morrerá como um indivíduo bastante inócuo." A partir de agora, ele alerta a si e a todos nós, que devemos viver como um ser humano maduro e nunca ignorar nossa intuição em relação ao que é certo. E sempre que você se deparar com uma dificuldade, lembre-se de que a competição é agora, você está nas Olimpíadas, não pode esperar mais.

Não podemos nos dar ao luxo de adiar nosso treinamento porque, diferentemente do que acontece dos Jogos Olímpicos, a competição da qual participamos todos os dias — a vida — está sempre acontecendo. A vida é agora, já passou da hora de dar início ao nosso treinamento.

Treinar no estoicismo é um pouco como surfar — pouca teoria e muita prática. Neste momento, você mal pode esperar para começar, e aí se imagina em pé na prancha, pegando onda após onda, divertindo-se como nunca... *Espere*, vou ter que mandar você parar por aí.

Porque na sua primeira aula de surfe, você vai aprender alguns aspectos teóricos do esporte também. Em terra firme, vai praticar coisas como remar, subir e ficar de pé na prancha. Em outras palavras, a primeira parte parece meio chata — você só queria surfar no mar, não se inscreveu numa aula de teoria na areia.

Surpreendentemente depressa, você passa pela parte teórica e consegue entrar na água, cuspir a areia e começar a treinar. Na água, você rapidamente percebe que não é tão fácil e que a parte teórica era mesmo necessária. O mesmo acontece com o estoicismo. Você vai conseguir pegar as ondas, mas se quiser passar por elas com sucesso e não desistir depois de tomar os primeiros (muitos) caldos, primeiro você precisa entender um pouco da teoria por trás do surf... *cof*, estoicismo.

• • •

Procurei organizar este livro e apresentar a sabedoria ancestral de uma forma bem acessível, digerível e altamente funcional. Na primeira parte, você vai aprender sobre o compromisso da filosofia, sua história, os principais filósofos e sobre os princípios fundamentais apresentados, como o Triângulo da Felicidade Estoica. Estude esse triângulo e você será capaz de explicar filosofia para uma criança de cinco anos. A segunda parte ensina a pegar as ondas; está repleta de conselhos práticos e exercícios para a vida cotidiana.

Meu objetivo com essa abordagem direta e franca ao estoicismo é ajudar você a viver uma vida melhor. Acredito que todos nós podemos nos tornar um pouco mais sábios e felizes praticando essa filosofia maravilhosa.

É hora de mergulhar.

PARTE 1

O que é estoicismo?

"Se não for certo, não faça;
se não for verdade, não diga."
MARCO AURÉLIO

CAPÍTULO 1

PROMESSAS ESTOICAS
seja resiliente

Nenhuma árvore desenvolve raízes e robustez se não for acometida por fortes ventos. Todos os trancos e sacolejos são responsáveis por fazer a árvore cravar suas raízes e se agarrar com afinco à terra; as árvores cultivadas em vales ensolarados são frágeis. "Por que então", pergunta Sêneca, "você questiona por que boas pessoas são abaladas para que se tornem fortes?" Assim como ocorre com as árvores, chuvas intensas e ventos fortes vêm para trazer benefícios às pessoas boas, é assim que elas desenvolvem tranquilidade, disciplina, humildade e força.

Do mesmo jeito que a árvore deve se agarrar à terra para não cair a cada brisa, devemos fortalecer nossa postura se não quisermos ser arrebatados por cada insignificância. É para isso que existe a filosofia estoica — ela vai torná-lo mais forte e fazer com que a mesma chuva e o mesmo vento pareçam mais leves, fazer com que você se mantenha de pé o tempo todo. Em outras palavras, ela vai preparar você para lidar com qualquer clima tempestuoso que a vida lhe apresente.

De filósofos da luta livre a lobos emocionais, este primeiro capítulo abordará tudo o que você precisa saber sobre o compromisso da filosofia estoica, ou por que você deve aderir ao estoicismo.

Aviso: este livro contém algumas palavras assustadoras como *eudaimonia*, *areté* ou virtude. Suas aparências obscuras podem causar vontade de virar a página, então prepare-se e fique firme. Apesar da resistência, vai valer a pena persistir, e você pode até mesmo vir a acrescentá-las ao seu vocabulário diário. E, ei, isto aqui não seria filosofia antiga sem ao menos algumas palavrinhas assustadoras, não é mesmo?

Exercite a arte de viver: torne-se um filósofo-guerreiro

> "Primeiro diga a si o que você seria; e então faça o que tem que ser feito." ***Epiteto***

Como viver uma vida boa? Esta clássica pergunta filosófica está na origem da principal preocupação da filosofia estoica: como viver a vida, ou "a arte de viver". O mestre estoico Epiteto comparava a arte da filosofia à dos artesãos: assim como a madeira está para o carpinteiro e o bronze para o escultor, nossas vidas são a matéria-prima adequada na arte de viver. A filosofia não é reservada a velhos sábios; é um ofício essencial para todos aqueles que querem aprender a viver (e a morrer) bem. Toda situação da vida apresenta uma tela em branco ou um bloco de mármore bruto que podemos esculpir e modelar, de modo que, ao longo da nosso existência, vamos dominando nosso ofício. Isso é basicamente o que o estoicismo faz: ele nos ensina a atingir a excelência na vida, nos prepara para enfrentar as adversidades com calma e simplesmente nos ajuda a esculpir e a desfrutar de uma vida boa.

O que torna alguém bom na arte de viver? De acordo com Epiteto, não é a riqueza, nem cargos altos, nem se tornar chefe. Deve haver algo a mais. Assim como aquele que deseja ser bom em caligrafia deve treinar e saber muito sobre caligrafia, ou aquele que deseja ser um bom musicista deve estudar música, aquele que deseja viver bem, portanto, deve deter um bom conhecimento de como se viver. Faz sentido, certo? Sêneca, outro importante filósofo estoico que conheceremos no capítulo 2, dizia que "[o filósofo] é aquele que detém conhecimento do fator fundamental: como se viver".

Um "filósofo" literalmente verte do grego para a língua do "amante da sabedoria", alguém que *ama* aprender a viver, alguém que *deseja* alcançar a sabedoria prática sobre como realmente viver sua vida. Como Epiteto nos disse, se quisermos ser bons em viver, devemos obter conhecimento sobre como viver. Isso pode soar surpreendente, mas a filosofia é de fato uma questão de *prática*, de aprender a esculpir nossas vidas. Somente pensar e filosofar sobre o bloco de mármore em branco não vai nos ensinar a utilizar habilmente o cinzel e o martelo. Os estoicos tinham uma preocupação particularmente elevada de *aplicar* a filosofia na vida cotidiana. Eles se viam como verdadeiros *guerreiros mentais* e consideravam que o principal motivo para se estudar filosofia era colocá-la em prática.

Eis uma comparação feita pelo escritor Donald Robertson em seu livro *The Philosophy of Cognitive Behavioral Therapy*. De acordo com ele, nos tempos antigos, o filósofo ideal era um verdadeiro *guerreiro* da mente, mas nos tempos modernos, "o filósofo se tornou algo mais teórico, não um guerreiro, mas um mero *bibliotecário* da mente". É só pensar naquela ideia que concebemos de que o mestre filósofo é velho e grisalho. Só que nós queremos ser *guerreiros*, e o que mais importa aqui não é nossa capacidade de recitar os princípios estoicos, e sim de *vivê-los* no mundo real. Tal como Epiteto, que certa vez perguntou a seus pupilos: "Se você não aprendeu essas coisas para demonstrá-las na prática, então para que as aprendeu?" Ele continuou, dizendo que eles (seus pupilos) não tinham fome e coragem o suficiente para sair no mundo real e demonstrar a teoria na prática: "É por isso que eu gostaria de fugir para Roma para ver meu lutador favorito em ação, ele ao menos emprega a política na prática."

A verdadeira filosofia é uma questão de pouca teoria e muita prática, como a luta livre no mundo antigo e o surfe no mundo moderno. Lembre-se de que no surfe a gente começa a praticar na água só depois de uma breve aula teórica na areia. As ondas pesadas são melhores professores do que os livros escolares pesados. E o estoicismo exige exatamente isso: botar os pés no mundo real e colocar vigorosamente em prática o que aprendemos em sala de aula. Nossas vidas oferecem o campo de treinamento perfeito para a prática diária, com suas incontáveis ondas verdejantes e brutos blocos de mármore.

Essa dimensão prática de "arte de viver" do estoicismo contém dois compromissos principais: primeiro, ensina a ter uma vida feliz e fluida e, segundo, ensina a permanecer emocionalmente resiliente para reter essa vida feliz e fluida mesmo em face da adversidade. Vamos mergulhar na primeira promessa e enfrentar a primeira das palavras assustadoras: *eudaimonia*.

Promessa #1.
Eudaimonia

> "Cave. Lá dentro se encontra a fonte do Bem; e está sempre pronta para emergir, basta que você cave." *Marco Aurélio*

Imagine sua melhor versão. Olhe dentro de si, consegue ver e saber quem é a sua versão mais evoluída, aquela que age da maneira correta em todas as situações, que não comete erros e parece imbatível? Se você for como eu e estiver tentando ser uma pessoa melhor, então provavelmente conhece essa versão ideal de si. Bem, em grego, esta melhor versão seria o *daimon* interior, um espírito interior ou centelha divina. Para os estoicos e todas as outras escolas da filosofia antiga, o objetivo derradeiro da vida era a *eudaimonia*, estar em harmonia (*eu*) com seu *daimon* interior. (Não confundir com *demônio*, que é um espírito mau.)

εu·daimon·ia

bom + espírito interior/centelha divina

> Seja bom com seu espírito interior,
> viva em harmonia com seu eu mais evoluído

Os estoicos acreditavam que é um *desejo* da natureza que nos tornemos a versão mais evoluída de nós mesmos. É por isso que o *daimon* interior (ou centelha divina) foi plantado dentro de todos nós como uma semente, para que seja nosso potencial natural nos tornarmos a versão mais evoluída possível. Em outras palavras, é da nossa *natureza* completar o que foi começado com essa sementinha divina e trazer nosso potencial humano à vida. Portanto, comungar com nosso *daimon* interior, viver em harmonia com nosso eu ideal, é se aproximar ao máximo desse eu de alto potencial.

Devemos fechar a lacuna que existe entre *quem somos capazes de ser* (nosso eu ideal) e *quem realmente somos* naquele momento. Como podemos fazer isso? Os estoicos também tinham uma palavra para isso: *areté*. Resumidamente, *areté* pode ser traduzida como "virtude" ou "excelência", no entanto, possui um significado mais profundo — algo como "expressar a versão mais evoluída de si mesmo em todos os momentos". Vamos nos aprofundar nisso no capítulo 3, mas você vai perceber desde já que o estoicismo visa a abordagem de suas ações de momento a momento, bem como viver o mais próximo possível de seu eu ideal.

O objetivo geral dos estoicos era a *eudaimonia*; ser bom com seu *daimon* interior, viver em harmonia com seu eu ideal, expressar sua versão mais elevada de si mesmo em todos os momentos. Mas o que isso significa exatamente? A tradução mais comum da palavra grega *eudaimonia* é *felicidade*. As traduções "prosperando" ou "afortunando", entretanto, captam melhor o significado original porque indicam uma forma de ação contínua — você só pode ser bom com seu *daimon* quando suas ações de momento a momento estiverem em harmonia com seu eu ideal. Você *prospera* em viver bem e, *somente como consequência*, vai se sentir feliz.

A *eudaimonia* se refere mais à qualidade geral de vida do que a um sentimento temporário, como a alegria. É uma condição em que uma pessoa está prosperando e vivendo perfeitamente bem e extremamente feliz. Como diria Zenão, o fundador do estoicismo, "a felicidade é uma vida que flui suavemente". Isto implica que sua vida *geralmente* flui sem grandes problemas. Vamos concluir então que a *eudaimonia* é uma vida feliz e fluida oriunda do sucesso em harmonizar nossas ações de momento a momento com nosso eu mais evoluído.

Essa promessa da *eudaimonia* implica que estamos munidos de tudo o que se faz necessário para se lidar com qualquer desafio que possa vir. De que outra forma podemos permanecer felizes mesmo quando a vida fica difícil? Porque a vida é uma moleza quando as coisas estão indo bem, e só fica árdua quando as coisas parecem se voltar contra nós, quando estamos enfrentando dificuldades e batalhas. Isso nos leva à segunda promessa do estoicismo: a filosofia nos prepara para sermos capazes de enfrentar todos os obstáculos, bastando fazer uso da mentalidade certa, para que a vida prossiga sem problemas.

Promessa #2.
Resiliência Emocional

> "Tolerar as provações com a mente tranquila rouba a força e o fardo do infortúnio."
> *Sêneca*

"Mas o que é filosofia?", pergunta Epiteto. "Não significa fazer uma preparação para enfrentar as coisas que nos acometem?" Sim, diz ele, a filosofia nos prepara para tolerar o que quer que aconteça. "Do contrário, seria como se o boxeador saísse do ringue só porque levou alguns socos." Poderíamos de fato abandonar o ringue sem maiores consequências, mas e se abandonássemos a busca pela sabedoria? "Então, o que devemos dizer a cada provação que nos é apresentada? É para isso que treinei, essa é a minha doutrina!" Ei, um boxeador que leva um soco na cara não vai sair do ringue, é para isso que ele se preparou, essa é a doutrina *dele*. E o mesmo vale para os filósofos; só porque a vida já chega na gente dando tapas, chutes, cuspidas e nos levando a nocaute, não significa que devemos desistir e largar tudo, significa que devemos nos levantar e continuar a evoluir. Assim é a vida, é como se o nosso ringue de boxe, onde socos e pontapés são nossa prerrogativa, essa é a nossa doutrina.

"A prosperidade incólume não é capaz de tolerar um único golpe", diz Sêneca, mas o indivíduo que passou por incontáveis infortúnios "adquire uma pele calejada pelo sofrimento." Esse indivíduo luta até cair, e continua a lutar mesmo estando de joelhos. Ele jamais desiste. Os estoicos adoravam as metáforas relacionadas à luta livre, então Marco Aurélio também tem seus dizeres análogos: "A arte de viver é mais semelhante à luta livre do que à dança". Precisamos estar preparados para ataques repentinos. Ninguém se engalfinhará com um dançarino. O dançarino jamais será estrangulado pela adversidade tal qual um lutador. Portanto, como filósofos-guerreiros, sabemos que a vida será desafiadora. Na verdade, deveríamos até mesmo estar esfregando nossas mãozinhas, ansiosos para ganhar alguns socos, pois sabemos que eles vão nos tornar mais fortes e nos deixar mais resistentes.

É por isso que devemos *querer* nos envolver e treinar nessa luta que chamam de vida. Porque queremos ser fortes, queremos viver uma vida feliz e fluida. Queremos conseguir nos controlar e controlar nossas ações quando a vida ficar difícil. Queremos ser uma fortaleza inabalável mesmo no auge de um ataque de fúria. Quando os outros entrarem em pânico, nosso desejo é permanecer calmos, sensatos, e sermos capazes de ser nossa melhor versão.

Empregar o estoicismo na prática nos ajuda a desenvolver as ferramentas para lidar com todos os socos e pontapés da vida. Não importa o que aconteça, estaremos prontos para qualquer coisa — estaremos prontos para receber ganchos e chutes laterais, e ainda assim nunca desistir e tirar o melhor proveito da situação. Essa é a promessa da filosofia estoica. No entanto, neste minuto, se você levar um soco na cara, o que vai acontecer? Você vai se exaltar. Assim como todo mundo, ou você vai reagir com raiva ou, mais provavelmente, vai começar a chorar. Os estoicos classificavam as emoções intensas como nossa fraqueza definitiva;

principalmente quando permitimos que elas ditem nosso comportamento. Elas são tóxicas para a *eudaimonia* e estão na raiz de todo o sofrimento humano. Infelizmente, de acordo com os estoicos, a maioria de nós está escravizada às *paixões* — emoções negativas intensas, como medo irracional, luto ou raiva. É por isso que tantos de nós somos tão tristes, por isso estamos longe de ser uma fortaleza, estamos longe de estar em comunhão com nosso eu ideal. Nossas paixões nos levam a agir muito aquém de nossas capacidades.

Se quisermos alçar nosso eu ideal, dizem os estoicos, precisamos manter nossas emoções sob controle, domá--las a um ponto que não atrapalhem a vida boa. *Não, obrigado, não posso bancar uma crise de pânico agora.*

Dome as emoções restritivas (≠ não emocional)

A promessa da filosofia estoica consiste tanto na vida extremamente feliz (*eudaimonia*) quanto no preparo (pronto para qualquer coisa) para lidar com o que quer que a vida jogue no seu colo. No entanto, só conseguiremos lidar bem com os desafios quando estivermos emocionalmente resilientes e não permitirmos que nossas emoções nos dominem.

É por isso que precisamos progredir no sentido de domar e superar os desejos e emoções perturbadores, para que, como diz Sêneca, o brilho do ouro não deslumbre nossos olhos mais do que o brilho de uma espada, e para que possamos facilmente ignorar aquilo que por outrem é temido e desejado. Essa superação das emoções é às vezes chamada de "terapia das paixões" estoica e pode ser a razão pela qual Epiteto disse: "A escola do filósofo é uma clínica médica".

Agora, se imaginarmos que a clínica de um médico tem um divã, então, recorrendo a certo clichê, teremos a sala de um psicoterapeuta. Na época de Epiteto, quando você tinha problemas com sua mente ou sua alma, você não veria um terapeuta, e sim um filósofo — eles eram os *médicos da mente* recomendados. Os estoicos eram ávidos observadores da mente humana e, na verdade, tinham muitos *insights* psicológicos importantes. Eles notaram, por exemplo, que o que torna os insultos nocivos não é o seu conteúdo, mas a interpretação que fazemos deles. Eles tinham uma compreensão adequada da nossa mente e desenvolveram técnicas psicológicas para prevenir e lidar com emoções negativas (a maioria delas será abordada na segunda parte deste livro).

Embora o estoicismo seja uma filosofia, ele detém um componente psicológico importante. Muitas de suas crenças, tais como a meta de prosperar como seres humanos, caminham lado a lado com a pesquisa moderna da Psicologia Positiva; considero isso altamente intrigante no estoicismo. Está além do escopo deste livro analisar a ciência por trás das ideias estoicas, mas se por acaso você ler um livro sobre Psicologia Positiva, identificará a consonância (*The Happiness Advantage*, de Shawn Achor, é um belíssimo começo).

Assim como existem enfermidades físicas, também existem enfermidades mentais; e os estoicos já eram cientes disso. Diziam ser *impossível* prosperar na vida sendo atormentado por emoções irracionais. Por conta disso, precisamos de *apatheia* — a capacidade de superar essas emoções interferentes. É daí que vem a palavra "apatia", e é o principal motivo para o mal-entendido clássico de que os estoicos eram de certo modo *não emocionais* ou buscavam suprimir seus sentimentos. A outra razão para esse mal-entendido vem da palavra *estoico*, que significa "engolir" ou ter um "lábio superior rígido", e que não tem absolutamente nada a ver com o *estoicismo* como filosofia aqui abordado. Vamos então esclarecer o mal-entendido que diz que "Os estoicos são desprovidos de emoção".

O estoicismo não tem nada a ver com suprimir ou esconder as emoções, ou com não possuir emoções. Em vez disso, trata-se de reconhecer nossas emoções, refletir sobre o que as causa e aprender a redirecioná-las em nosso benefício. Em outras palavras, tem mais a ver com nos *desvincularmos* das emoções negativas, tem mais a ver com *domá-las* do que com se livrar delas.

Imagine que as emoções intensas são seu lobo interior — imensamente poderoso quando solto e capaz de arrastar você para onde ele quiser. As emoções ativam uma *tendência à ação* — quando você fica com raiva, por exemplo, tem uma tendência a cerrar os punhos, berrar e atirar objetos. Basicamente, quando o lobo interior está furioso, nós permitimos que ele assuma o controle, e então seguimos cegamente a tendência à ação e agimos de acordo. O que os estoicos descobriram, no entanto, é que não *precisamos* seguir essa tendência. Podemos treinar nossa mente para agir com calma mesmo sob a raiva, agir com coragem mesmo sob a ansiedade e seguir para o leste mesmo com o lobo nos puxando para oeste.

Felizmente, não precisamos fingir que o lobo não existe, ou até matá-lo (o que nem mesmo é possível). Os estoicos querem que a gente domestique e aprenda a compreender esse lobo. Em vez de permitir que ele dite nossas ações quando houver sentimentos de raiva, ansiedade ou fome, a recomendação é que façamos uso da calma, *apesar* da raiva. Ele pode rosnar e uivar o quanto quiser, não vamos temê-lo, vamos agir do jeito que escolhemos. O lobo não tem voz nas nossas decisões, apesar de tender à ação.

O objetivo não é eliminar todas as emoções, o objetivo é *não* ser dominado por elas, apesar de seu imenso poder. Sentimos o lobo emocional, mas não saímos da linha mesmo que ele nos puxe para outra direção. "Ok, o lobo quer surtar, mas em que isso ajudaria?", dizemos a nós mesmos. Elevamo-nos acima de nossas emoções, ouvimos seus rosnados, mas sabemos que não precisamos lhe dar atenção e nem acompanhá-lo.

Os estoicos não eram indivíduos com coração de pedra e desprovidos de emoção. Eles reconheciam que desejos e emoções são parte da natureza, mas que temos o poder de nos colocar acima deles e de não nos deixarmos perturbar (muito) por eles. "Nenhuma escola nutre mais bondade e gentileza; ninguém nutre mais amor pelos seres humanos", diz Sêneca. "O objetivo a nós atribuído é ser útil, ajudar os outros e cuidar, não apenas de nós mesmos, mas de todos." Os estoicos se importam com seus entes queridos e concidadãos; é só que eles controlam suas emoções para não serem irracionalmente oprimidos por elas. Nas palavras de Sêneca, não há nada impressionante em se "tolerar o que não se sente". O escritor estoico Donald Robertson explica isso bem: "Uma pessoa corajosa não é alguém que não sente nenhum vestígio de medo, mas alguém que *age corajosamente embora esteja acometido pela ansiedade.*"

Os estoicos querem que subjuguemos nossas paixões ficando mais fortes do que elas, e não dando fim a elas. Sempre vamos sentir o lobo emocional querendo emergir, mas podemos nos condicionar a reconhecer nossa *tendência* de acompanhá-lo e, então, *escolher* deliberadamente segui-lo ou não. O estoicismo vai nos ajudar a ser menos atormentados por emoções negativas e, ao mesmo tempo, a vivenciar emoções mais positivas, tais como alegria ou tranquilidade. É importante notar, no entanto, que para os estoicos, essas emoções positivas estão mais para um *bônus* do que para uma motivação por si só. Vamos examinar com mais atenção a tranquilidade como um subproduto da prática do estoicismo.

Exercite o estoicismo e, como subproduto, fique mais tranquilo

Isso pode lhe parecer surpreendente, mas o estoicismo é uma filosofia de vida bastante alegre. Quando você lê os estoicos, descobre pessoas contentes e otimistas que usufruem plenamente do que a vida tem a oferecer. Eles não eram desprovidos de emoção, apenas consideravam que emoções fortes eram sua fraqueza e os atrapalhavam para viver em toda sua plenitude.

Lembre-se de que o objetivo da vida é a *eudaimonia* — a vida feliz e fluida que vem da prosperidade causada pelo sucesso em prosperar na sua versão ideal de momento a momento. E se você estiver escravizado pelo seu lobo emocional, então você acaba entrando em pânico e segue suas tendências à ação, que estão muito aquém de suas capacidades. É por isso que os estoicos desejam que minimizemos os efeitos que as emoções fortes detêm sobre nossas vidas, eles querem que domestiquemos o lobo para que possamos ficar no controle do leme o tempo todo, em vez de permitir que o lobo assuma o controle sempre que quiser. Só assim poderemos expressar nossa melhor versão e, por fim, ter uma vida feliz e fluida.

Portanto, quando não estamos escravizados pelas nossas emoções, somos capazes de expressar nossa versão mais evoluída em todos os momentos. E quando fazemos isso, simplesmente não há espaço para arrependimentos, medo ou insegurança. E a consequência é um efeito colateral de fato muito útil — tranquilidade. No mundo agitado de hoje, é o que muitos de nós buscamos, a capacidade de manter a calma, de se sentir confiante e seguro, mesmo em meio ao caos. Se empregarmos o estoicismo na prática, é exatamente o que teremos como subproduto. É considerado um subproduto porque não é o que os estoicos buscavam primordialmente. Não buscavam tranquilidade, buscavam a *eudaimonia*, e a tranquilidade vinha como um bônus (muito bem-vindo). Portanto, não seria consistente com o estoicismo exercê-lo visando atingir a tranquilidade.

Mas, afinal, o que é a tranquilidade? Em suas cartas clássicas, Sêneca fala sobre o poder da *euthymia*. Ele nos diz que a *euthymia*, que pode ser traduzida como tranquilidade, tem a ver com conhecer o seu caminho e percorrê-lo. É a sensação que alcançamos quando confiamos verdadeira e totalmente em nós mesmos. É quando você tem certeza de que o que está fazendo é o correto e não precisa ouvir pitacos a torto e a direito. Você não precisa ficar o tempo inteiro duvidando de si ou se comparando aos outros. Você simplesmente confia no que está fazendo porque está tentando o seu melhor e vivendo de acordo com seus valores, e sabe que não tem que fazer mais nada além disso.

É a confiança serena que você sente quando está vivendo seu eu autêntico e em conformidade aos seus valores mais estimados. Você atinge a paz de espírito, diz Sêneca, porque você tem um padrão imutável e vive de acordo com ele, e não como o restante da humanidade, que "continuamente decai e escorrega em suas decisões, oscilando numa condição em que alternadamente rejeita as coisas e depois as busca".

O estoicismo vai lhe fornecer muitas âncoras nas quais se agarrar para que você possa encontrar seu caminho e percorrê-lo com segurança. Isso fará com que você alcance uma tranquilidade interior, uma confiança serena em período integral, mesmo quando a vida parece difícil e parte para o ataque com seus socos e pontapés mais cruéis. Porque você vai estar ciente do que faz e por que faz. Vai ter essa segurança interior de que está fazendo a coisa certa e, aconteça o que acontecer, seguirá firme como aquela fortaleza impenetrável, e nada será capaz de derrubá-lo.

02

CAPÍTULO 2

UMA LIÇÃO DE HISTÓRIA
seja aprendiz

"Minha viagem foi próspera quando sofri um naufrágio."
Zenão de Cítio

O ano é cerca de 320 a.C. Um comerciante fenício naufragou no Mar Mediterrâneo, em algum lugar entre Chipre e o continente grego. Perdeu todo o seu corante de murex, um corante púrpura altamente valioso obtido de moluscos gastrópodes marinhos pertencentes à família Muricidae; ele perdeu toda a sua riqueza. Estamos falando de Zenão de Cítio, que graças a esse naufrágio, viria a se tornar o fundador do estoicismo muitos anos depois.

O pai de Zenão era um comerciante e costumava retornar de suas viagens carregado de livros comprados na cidade grega de Atenas. Essa pode ser a razão pela qual, após o acidente no mar, Zenão seguiu para Atenas, sentou-se em uma livraria e leu sobre o filósofo ateniense Sócrates, que difundira seus ensinamentos cerca de um século antes. Zenão ficou tão impressionado que perguntou ao livreiro onde poderia encontrar outros como o tal Sócrates. O livreiro apontou para Crates, o Cínico, que passava por ali naquele momento, e disse: "Siga o homem acolá".

De fato, Zenão seguiu Crates, que era um filósofo importante na época, e veio a se tornar seu pupilo. Zenão ficou feliz ao ver que sua vida deu uma guinada e disse: "Fê-lo bem, Destino, ao me guiar à filosofia". Ao relembrar a época do naufrágio, Zenão comentou mais tarde: "Minha viagem foi próspera quando sofri um naufrágio".

Nota: Essa intrigante história sobre o naufrágio foi escrita, cerca de 150 anos após a morte de Zenão, pelo biógrafo grego Diógenes Laércio em sua obra *Vidas e Doutrinas de Filósofos Ilustres*. Existem diferentes versões da história, e as datas são inconsistentes e contraditórias. Assim, não há como ter certeza se a narrativa é verídica ou apenas a anedota mais atraente sobre a fundação do estoicismo.

Depois de estudar com Crates por um tempo, Zenão escolheu buscar outros filósofos importantes, isto antes de dar início à própria filosofia vários anos depois, por volta de 301 a.C. Inicialmente, seus seguidores eram chamados *zenonianos*, mas passaram a ser conhecidos como estoicos porque Zenão ministrava suas aulas no *Stoa Poikilê*, o "Pórtico Pintado", famosa colunata decorada com pinturas de batalhas históricas localizada no centro ateniense. Nascia assim o estoicismo. Diferentemente de outras escolas de filosofia, os estoicos seguiam o exemplo de seu herói Sócrates, e por isso se reuniam em público, nesse pórtico, onde todos podiam ouvir seus discursos. Portanto, a filosofia estoica era para acadêmicos e cidadãos comuns e, por conseguinte, era uma espécie de "filosofia das ruas".

Conforme vimos, o estoicismo não nasceu do nada, seu fundador Zenão e os primeiros estoicos foram influenciados por diferentes escolas e pensadores filosóficos, especialmente por Sócrates, pelos cínicos (como Crates) e pelos Acadêmicos (seguidores de Platão). Os estoicos adotaram a pergunta de Sócrates: como viver uma vida boa? Eles se concentravam em *aplicar* a filosofia aos desafios diários, em desenvolver um bom caráter e se tornarem melhores seres humanos, que atingiam a excelência na vida e se preocupavam com o próximo e com a própria natureza. Uma coisa que os estoicos mudaram em relação aos cínicos foi que abandonaram o ascetismo cínico. Diferentemente dos cínicos, os estoicos preferiam um estilo de vida que permitia confortos simples. Eles argumentavam que as pessoas deveriam aproveitar as coisas boas da vida, porém sem se apegar a elas. Como Marco Aurélio disse mais tarde: "Se você precisa morar em um palácio, também pode viver bem em um palácio". Essa concessão ao conforto era algo que tornava o estoicismo mais atraente naquela época, e certamente hoje também.

Após a morte de Zenão (que, a propósito, era tão admirado pelos atenienses que ganhou uma estátua de bronze em sua homenagem), o estoicismo manteve seu lugar como uma escola de filosofia ateniense (ao lado de outras) até 155 a.C., quando algo muito importante aconteceu com a filosofia antiga: os líderes do estoicismo (Diógenes da Babilônia) e outras escolas de filosofia foram escolhidos como embaixadores para representar Atenas nas negociações políticas com Roma, na cidade de Roma. Embora as negociações em si sejam de pouco interesse para nós, o impacto cultural gerado por essa visita não o é. Os atenienses passaram a ministrar palestras lotadas e despertaram um interesse pela filosofia entre os romanos um tanto conservadores. O estoicismo se tornou uma escola próspera em Roma, formada por todos os famosos estoicos cujos escritos servem como a principal fonte da filosofia até hoje: Sêneca, Musônio Rufo, Epiteto e Marco Aurélio (veremos mais a respeito de todos eles em breve).

O estoicismo foi uma das escolas de filosofia mais influentes e respeitadas durante quase cinco séculos subsequentes. Era abraçado por ricos e pobres, poderosos e sofredores, todos em busca de uma vida boa. No entanto, após a morte de seus mestres mais famosos — Musônio Rufo, Epiteto e o imperador romano Marco Aurélio — o estoicismo adentrou numa crise da qual jamais se recuperou. A ausência de professores carismáticos e a ascensão do cristianismo são as principais razões para o declínio dessa filosofia outrora tão popular.

A ideia do estoicismo, no entanto, encontrou seu caminho em muitos escritos de filósofos históricos como Descartes, Schopenhauer e Thoreau. E está encontrando seu caminho de volta à vida de pessoas comuns como eu ou você (sem ofensa). Esse retorno do estoicismo pode ser rastreado até a logoterapia de Viktor Frankl, e à terapia racional emotiva comportamental de Albert Ellis, ambas influenciadas pela filosofia estoica. Nos anos mais recentes, autores como Pierre Hadot, William Irvine, Donald Robertson e, especialmente, Ryan Holiday aceleraram o retorno do estoicismo.

Os filósofos estoicos mais importantes

Olhe ao redor, você está no meio de milhares de pessoas empolgadas sacudindo suas bandeiras, gritando e aplaudindo loucamente na torcida por seus pilotos de biga favoritos na arena Circus Maximus — faça um zoom na cena, caminhe oitocentos metros ao norte, amplie a cena outra vez —, Grauuu! Bem na sua frente, um gladiador lutando contra um leão, à sua direita, um gladiador apontando a lança na sua direção, à esquerda, um elefante monstruoso correndo para pegar você! Foi nessa época tão dramática que nossos personagens principais ensinavam e colocavam em prática a filosofia estoica. Embora a filosofia seja muito menos empolgante do que as batalhas sangrentas no

Coliseu (onde você acabou de ser esmagado por um elefante), foi a filosofia o que sobreviveu até hoje. Por ótimas razões, diga-se de passagem, conforme você vai aprender nos capítulos a seguir.

Agora, daremos uma olhada nos quatro estoicos romanos cujos escritos e ensinamentos sobreviveram por quase dois milênios, e que hoje constituem a base do estoicismo: Sêneca, Musônio Rufo, Epiteto e Marco Aurélio. Diz-se que foram escritos mais de mil livros sobre a filosofia estoica, mas apenas um punhado deles sobreviveu — principalmente aqueles de autoria desses eruditos.

Felizmente, essas mentes brilhantes (mas também imperfeitas) não moravam em cavernas isoladas nas montanhas, e sim estavam totalmente envolvidas na sociedade, e se esforçavam para tornar o mundo um lugar melhor. Você vai conhecer um dramaturgo incrivelmente rico, equivalente ao empresário moderno, conhecerá um homem que buscava igualdade de gêneros, e também conhecerá um escravizado que viria a se tornar a principal influência do imperador romano e a pessoa mais poderosa do mundo. Para fazermos jus ao nome deste livro, vamos apenas arranhar a superfície dessas vidas fascinantes dos quatro filósofos estoicos mais importantes.

Sêneca, o Jovem
(cerca de 4 a.C. - 65 d.C.)

"Se uma pessoa não sabe a qual porto navega, nenhum vento lhe será favorável." *Sêneca*

O filósofo estoico mais polêmico, Lúcio Aneu Sêneca, conhecido principalmente como Sêneca, o Jovem, ou simplesmente Sêneca, nasceu por volta da época de Cristo em Córdoba, na Espanha, e foi educado em Roma, Itália. É conhecido como um dos melhores escritores da Antiguidade, e muitos de seus ensaios e cartas pessoais sobreviveram e são fonte importante da filosofia estoica. Esses escritos falam a nós porque Sêneca se concentrava nos aspectos práticos do estoicismo, coisas como fazer uma viagem, como lidar com as adversidades e as emoções delas originadas (tipo tristeza ou raiva etc.), como lidar consigo mesmo no ato do suicídio (o que Sêneca foi ordenado a fazer), como lidar com a riqueza (que ele conhecia muito bem) e com a pobreza.

Sêneca teve uma vida extraordinária, uma vida que levanta uma série de perguntas quando estudada com afinco. Além de suas cartas, que ainda são lidas quase dois milênios após sua morte, ele entrou para os anais da história por muitos outros motivos. Foi um dramaturgo de sucesso. Ficou extremamente rico graças a empreendimentos financeiros inteligentes (o empresário e investidor moderno, se assim você preferir). Depois de cometer adultério com a sobrinha do imperador, foi exilado para a região da Córsega, a qual ele chamava de "rocha estéril e espinhosa" — que, a propósito, é um destino de férias muito popular hoje, conhecido por suas paisagens diversas e pitorescas. Após oito anos de exílio, a nova esposa do imperador solicitou que Sêneca retornasse e fosse tutor de seu filho Nero.

Depois que Nero se tornou imperador, Sêneca foi promovido a conselheiro e se tornou uma das pessoas mais ricas do Império Romano. De acordo com o escritor Nassim Taleb, que dedicou um capítulo inteiro a Sêneca em seu livro *Antifrágil*, "sua fortuna era de trezentos milhões de denários (para efeito de comparação, mais ou menos no mesmo período, Judas recebeu trinta denários, o equivalente a um mês de salário, para trair Jesus)". Devido a essa riqueza extrema, Sêneca às vezes é chamado de hipócrita, já que era um filósofo que promovia a indiferença ante as posses externas. O outro fato que levanta questionamentos é que ele era tutor e conselheiro do imperador Nero, um governante autoindulgente e cruel que ordenou o assassinato da própria mãe e de muitas outras pessoas. Em 65 d.C., Nero ordenou que Sêneca cometesse suicídio devido a um suposto envolvimento em uma conspiração contra o imperador.

Hipócrita ou não, Sêneca teve uma vida turbulenta, repleta de riquezas e poder, mas também de filosofia e introspecção (ele sabia muito bem que era imperfeito). O estoicismo permaneceu uma constante em sua vida e carimbou suas muitas cartas úteis e inspiradoras, as quais citarei livremente ao longo deste livro.

Musônio Rufo
(cerca de 30 d.C. — cerca de 100 d.C.)

"Já que todo indivíduo morre, é melhor morrer com distinção do que viver muito." *Musônio Rufo*

O menos conhecido dos quatro grandes estoicos romanos, Caio Musônio Rufo ensinou filosofia estoica em sua própria escola. Sabemos pouco sobre sua vida e ensinamentos, pois ele não se dava ao trabalho de registrar nada por escrito. Felizmente, um dos alunos de Musônio, Lúcio, fazia anotações durante as palestras. Rufo era defensor de uma filosofia prática e vivida. Conforme ele mesmo colocava: "Assim como não há utilidade no estudo médico a menos que este conduza à saúde do corpo humano, também não há utilidade em uma doutrina filosófica a menos que esta conduza à virtude da alma humana". Ele ofereceu conselhos detalhados sobre hábitos alimentares, vida sexual, código de vestuário e comportamento diante de genitores. Além de pensar que a filosofia deveria ser altamente prática, ele também considerava que deveria ser universal. De acordo com ele, mulheres e homens podiam se beneficiar igualmente da erudição e do estudo da filosofia.

Musônio Rufo foi o mestre estoico mais preeminente na época, e sua influência em Roma foi respeitável. E foi tanto, que o tirânico imperador Nero o exilou para a ilha grega Gyaros em 65 d.C. (e sim, o exílio era comum na Roma antiga). A descrição de

Sêneca sobre a Córsega, uma "rocha estéril e espinhosa", certamente teria se encaixado muito melhor em Gyaros, que de fato era (e ainda é) uma ilha deserta. Após a morte de Nero, em 68 d.C., Musônio voltou a Roma por sete anos antes de ser exilado outra vez. Ele morreu por volta de 100 d.C. e deixou como legado não apenas alguns dos registros feitos por Lúcio, mas também seu aluno mais famoso, Epiteto, que, conforme veremos a seguir, tornou-se um mestre estoico influente.

Epiteto
(cerca de 55 d.C. — cerca de 135 d.C.)

"Não explique sua filosofia. Incorpore-a." *Epiteto*

Epiteto nasceu escravizado em Hierápolis (hoje Pamukkale, na Turquia). Seu nome verdadeiro, se é que ele tinha um, é desconhecido. Epiteto significa simplesmente "propriedade" ou "a coisa que foi comprada". Ele foi adquirido por Epafrodito, um rico liberto (isto é, ele próprio um ex-escravizado) que trabalhava como secretário do imperador Nero em Roma, o lugar onde Epiteto passou sua juventude. Epiteto não tinha uma das pernas, não se sabe se de origem congênita ou se por um ferimento causado por um antigo senhorio. Seu novo senhor, Epafrodito, tratava-o bem e permitia que ele estudasse a filosofia estoica com o mais renomado professor de Roma, Musônio Rufo.

Algum tempo depois da morte de Nero, em 68 d.C., Epiteto foi libertado por seu senhor — uma prática comum em Roma no caso de escravizados inteligentes e letrados. Epiteto então abriu a própria escola e lecionou filosofia estoica por quase 25 anos, até que o imperador Domiciano baniu todos os filósofos de Roma. Epiteto fugiu e migrou sua escola para Nicópolis, Grécia, onde levou uma vida simples, com poucas posses. Após o assassinato de Domiciano, o estoicismo recuperou sua respeitabilidade e se tornou popular entre os romanos. Epiteto era o principal mestre estoico daquela época e poderia ter retornado a Roma, porém escolheu ficar em Nicópolis, onde morreu por volta de 135 d.C. Apesar da localização, sua escola atraía alunos de todo o Império Romano e lhes ensinava, dentre outras coisas, como manter a dignidade e a tranquilidade mesmo em face das adversidades da vida.

Assim como seu mestre Musônio Rufo, Epiteto também não tinha o hábito de registrar nada por escrito. Felizmente, novamente havia um geek entre seus discípulos, Arriano, que tomava notas vorazmente e, a partir delas, escreveu os famosos *Discursos* — uma série de trechos das palestras de Epiteto. (E agora sou eu o geek que está tentando organizar todo o estoicismo neste pequeno manual.) Arriano também compilou o pequeno livro *Enchiridion*, um resumo dos princípios mais importantes da obra *Discursos*. Embora o *Enchiridion* muitas vezes seja traduzido como *Manual*, seu título, na verdade, significa literalmente "disponível à mão" — mais como uma adaga do que um manual, sempre pronto para lidar com os desafios da vida.

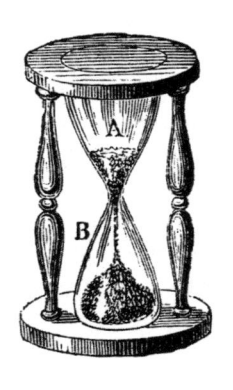

Marco Aurélio
(121 d.C. — 180 d.C.)

> "Eis o que nunca deixa de me surpreender: todos amamos mais a nós mesmos do que a outras pessoas, mas nos importamos mais com a opinião alheia do que com a nossa."
> *Marco Aurélio*

"Não perca tempo discutindo como uma pessoa boa deve ser. Seja uma." Tais palavras foram escritas não por um mandrião qualquer, mas por um raro exemplo de rei filósofo e, à época, o homem mais poderoso da Terra — Marco Aurélio, imperador do lendário Império Romano. Ele é o mais conhecido de todos os filósofos estoicos, e sua coletânea *Meditações*, uma série de doze livros curtos escritos inteiramente para registro íntimo (como um diário) para orientação pessoal e autoaperfeiçoamento, é considerada uma das maiores obras filosóficas de todos os tempos.

Quando adolescente, é dito que Marco Aurélio não apenas gostava de atividades como luta livre, boxe e caça, mas também de filosofia. Ele estudou com diferentes filósofos, um dos quais lhe emprestou uma cópia dos *Discursos* de Epiteto, que veio a ser uma de suas maiores influências. Quando Marco Aurélio tinha dezesseis anos, o imperador Adriano adotou seu tio materno, Antonino, que por sua vez adotou o próprio Marco Aurélio (cujo pai biológico morrera uns anos antes). Quando Marco Aurélio entrou na vida do palácio, seu poder político não subiu à cabeça (ele não permitiu que acontecesse), nem quando era coimperador de seu pai adotivo, nem quando se tornou imperador regente após a morte de Antonino.

Para início de conversa, ele exerceu grande moderação no uso do poder e do dinheiro. Além disso, apesar de seu interesse pela filosofia estoica, ele escolheu não usar de seu poder para pregar o estoicismo e lecionar a seus companheiros romanos sobre os benefícios de suas práticas.

Foi um imperador excepcionalmente bom e governou de 161 d.C. até sua morte, em 180 d.C. É considerado o *último* de uma sucessão de governantes conhecidos como os Cinco Bons Imperadores.

03

03

CAPÍTULO 3

A FELICIDADE ESTOICA
seja virtuoso

"O fogo ardente emite chamas e brilho a partir de tudo o que é jogado nele."
Marco Aurélio

Chega de história, é hora de atingir o cerne do estoicismo. Mas o que exatamente esses filósofos fascinantes ensinavam, e em que acreditavam? Como planejavam cumprir sua promessa de uma vida extremamente feliz e fluida? Como seus princípios podem nos preparar para encararmos qualquer desafio que a vida venha a nos lançar? E como podemos domar nossas emoções e nos tornarmos uma fortaleza inabalável? É simples: você precisa sair para o mundo real e treinar como um filósofo-guerreiro. Mas primeiro, precisa conhecer as regras do jogo, precisa saber pelo que vai lutar e qual rumo vai tomar. Esses são os princípios básicos do estoicismo que você aprenderá nesta parte.

Agora, você pode pensar que isso deve ser bem fácil, *opa, manda ver, quais são esses tais princípios básicos aí?* Eu pensei a mesma coisa quando tive o primeiro contato com o estoicismo. Logo fui fisgado, li bastante sobre o assunto e contei aos meus amigos como era uma filosofia legal. Mas quando eles quiseram saber o que era exatamente, falhei feio na hora de explicar. Percebi então que, apesar de ter lido muitos textos, eu praticamente não sabia nada sobre o estoicismo, não conseguia nem explicar direito aos meus amigos.

Como se revelou, não é tão fácil assim obter uma visão geral e simplificada dessa filosofia. Os textos originais — que basicamente consistem em anotação de salas de aula, cartas pessoais e registros em diários pessoais —não oferecem uma resposta clara, como acontece num livro didático. E mesmo os livros modernos carecem de explicações infalíveis, creio eu. Muitas vezes, eles são uma mistura de ideias estoicas fantásticas, que definitivamente valem o tempo de estudo, mas que não trazem uma visão ampla e simplificada para absorvermos.

Essa é basicamente a ideia por trás do Triângulo da Felicidade Estoica: ele oferece uma visão simples e generalizada dos princípios básicos do estoicismo. Se você é apresentado ao Triângulo, consequentemente passa a conhecer e a ser capaz de explicar os aspectos mais importantes do estoicismo — até mesmo para uma criança de cinco anos. Foi o melhor que consegui inventar para apresentar a filosofia estoica de forma simples e visual, combinando literatura antiga e moderna. Espero que seja útil. E tenha em mente que o Triângulo da Felicidade Estoica não é o que os estoicos ensinaram *per se*, é a **minha** visão de seus ensinamentos fundamentais.

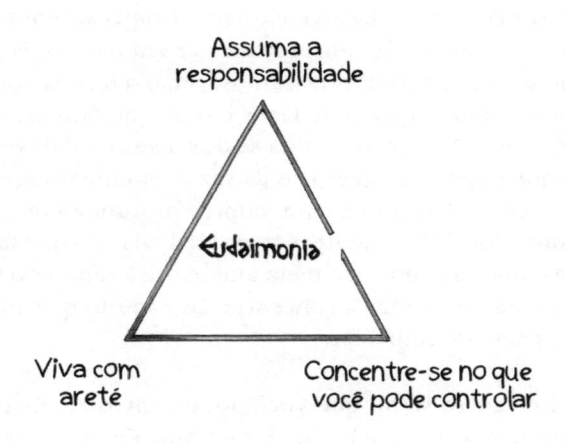

```
           Assuma a
       responsabilidade

              /\
             /  \
            / Eudaimonia \
           /_____\

   Viva com          Concentre-se no que
    areté            você pode controlar
```

O Triângulo da Felicidade Estoica resumido

Eudaimonia: No centro do triângulo, está a *eudaimonia* — o objetivo da vida segundo todas as filosofias antigas. Conforme mencionado no capítulo 1, esta é a principal promessa da filosofia estoica, e resume-se em viver uma vida extremamente feliz e fluida. Tem a ver com *prosperar* em nossas vidas. Isso é basicamente o que todos nós queremos, prosperar e ter uma vida feliz, certo? É por isso que está no cerne do Triângulo da Felicidade Estoica. Você se lembra da origem grega da palavra? Significa estar em harmonia (*eu*) com seu *daimon* interior, seu eu superior. E como podemos alcançar isso? Vivendo com *areté*.

Viva com *areté*: Expresse o seu eu superior em todos os momentos. Se quisermos estar em harmonia com nosso eu superior, precisamos fechar a lacuna entre o que somos capazes de fazer e o que de fato estamos fazendo. Na verdade, trata-se de ser sua melhor versão aqui e agora. É fazer uso da razão em nossas ações e viver em harmonia com valores profundamente enraizados. Obviamente, é mais fácil falar do que fazer, e o que sustenta essa meta ambiciosa é separar o bem do mal, e manter a concentração naquilo que somos capazes de controlar.

Concentre-se no que você pode controlar: Este é o princípio mais notável no estoicismo. Em todos os momentos, precisamos nos concentrar nas coisas que conseguimos controlar, e lidar com o restante à medida que for acontecendo. O que já *é* tem que ser aceito porque está além do nosso poder desfazê-lo. O que está além do nosso poder, em última análise, não é importante para a nossa prosperidade. O que é importante para a nossa prosperidade é o que escolhemos *fazer* com as circunstâncias externas oferecidas. Portanto, não importa a situação, a única coisa que está em nosso poder é tentar obter o melhor dela e viver em harmonia com nosso eu ideal.

Assuma a responsabilidade: O bem e o mal vêm exclusivamente de você. Este princípio fecha os outros dois vértices do Triângulo, que dizem que as coisas externas não importam para uma vida boa, e portanto, viver com *areté*, que está sob nosso controle, já é o suficiente para prosperarmos na vida. Além disso, você é responsável por sua vida porque todo acontecimento externo incontrolável oferece uma área que você pode controlar, especificamente como você *escolhe reagir* a esse acontecimento. Isso é crucial no estoicismo, não são os acontecimentos que nos fazem felizes ou infelizes, mas a nossa interpretação deles. É quando se abre espaço para nascer a fortaleza — o momento em que você decide tirar dos eventos externos todo o poder que eles detêm sobre você.

• • •

Tudo isso, claro, é apenas a moldura do Triângulo, e mal arranhamos sua superfície. Nas páginas a seguir, vamos examinar cada vértice em detalhes, com ideias e metáforas esclarecedoras, e conheceremos o vilão que impede tantos de nós de manifestarmos nosso eu superior em todos os momentos. Mas primeiro vamos nos lembrar da analogia com o surfe.

A seguir você vai encarar a altamente importante, porém não tão divertida, parte teórica, aquela da sua primeira aula de surfe. *Ai, lá vamos nós...* Alguns caras espertalhões correm direto para a água, apesar dos alertas. Acontece sempre. E eis a parte legal — uma vez que concluirmos isto aqui e você acompanhá-los até a água, você vai se sair melhor do que eles logo de cara, porque eles não têm o básico, e é nessa hora que você vai adorar ver a cara deles — impagável! No entanto, alguns vão sair da água antes porque vão perceber que tem algo faltando, ou porque se machucaram. De qualquer modo, vamos começar sem os fujões, e aí você vai estar entrando na água antes mesmo de se dar conta disso. A postos na areia, preparar, apontar, vai!

1. Viva com *areté*: manifeste seu Eu superior em todos os momentos

> "Um bom caráter é a única garantia de felicidade eterna e despreocupada." ***Sêneca***

O primeiro vértice do Triângulo da Felicidade Estoica é *Viva com* areté. A tradução clássica para essa palavra grega é "virtude" ou "excelência". Eu prefiro a definição de Brian Johnson, o filósofo por trás do site *optimize.me*: *"Areté* é expressar sua melhor versão de momento a momento a momento". Devido a esse significado mais profundo da palavra, e porque aparentemente era um dos mais altos ideais da cultura grega, vamos usá-la no original mesmo para dar nome ao primeiro vértice do triângulo. Nós necessariamente usaremos também a tradução comum, *virtude*, então tenha isso em mente.

O objetivo do estoicismo está posicionado no centro do triângulo: *eu-daimon-ia*, que é viver uma vida feliz e fluida. Para atingir esse objetivo, precisamos estar em harmonia (*eu*) com nosso *daimon* interior, a melhor versão de nós mesmos, nosso potencial natural, inerente. Em tudo o que você fizer, imagine que há duas linhas: a linha superior que mostra do que você é capaz, e a linha inferior, que mostra o que você *de fato* está fazendo. Viver com *areté* é tentar alcançar a linha superior e manifestar o que você é capaz de fazer neste exato momento. É pôr em prática a melhor versão de si mesmo, é estar em harmonia com seu *daimon* interior, é quando você conquista a vida feliz e fluida chamada *eudaimonia*.

Você versus você ideal

Bem, essa atualização perfeita do nosso eu superior pode não ser muito difícil de se expressar em situações isoladas, ou na nossa imaginação, mas projete-a para o mundo real, e eis aí um belo desastre. Mas tudo bem, é para isso que estamos aqui, aprendendo sobre nós mesmos e como manifestar nossa melhor versão em todos os momentos. É por isso que estamos tentando melhorar, é por isso que estamos tentando aperfeiçoar nossa virtude. Pense na *areté*, ou virtude, como uma forma de sabedoria ou de força que ajuda a fazer a coisa certa em todos os momentos, de modo que suas ações fiquem em harmonia com o seu eu superior — corajoso, disciplinado e gentil, por exemplo. A virtude é o que ajuda você a fechar a lacuna entre o que você de fato está fazendo e o que é capaz de fazer. Quanto maior essa lacuna, mais longe você está da *eudaimonia*, e pior está sua situação. Porque em algum lugar das trevas da lacuna, eles estão à espreita: os vilões liderados pelo arrependimento, pela ansiedade e pela desilusão.

Tudo bem, virtude é tentar ser o melhor possível em todos os momentos. E se você for capaz de conseguir isso, então ficará em harmonia com seu eu superior e terá uma vida feliz e fluida. Se você não consegue manifestar sua melhor versão, isso vai abrir espaço para que os arrependimentos e a ansiedade emerjam da escuridão e espalhem sua tristeza. Esse é um aprendizado muito importante, mas sejamos francos: ainda não é de grande ajuda. Afinal de contas, nós já não estamos sempre tentando ser o melhor que podemos ser? (Espero que sim.) Agora, além de *viva com* areté, os estoicos usavam outra frase comum que carregava o objetivo de manifestar seu eu superior: *viver de acordo com a natureza*. Vamos desvendar isso, e ver se vai nos trazer mais algum tipo de sabedoria.

A perfeição do nosso potencial natural

Os estoicos acreditavam que a natureza *quer* que prosperemos na vida. É por isso que o *daimon* interior, nosso eu superior, foi plantado dentro de todos nós como uma semente divina, de modo que ela seja parte do nosso *potencial natural* de nos tornarmos nossa melhor versão. Como Musônio Rufo disse certa vez, todos nós *"nascemos* com uma inclinação para a virtude". Em outras palavras, é da nossa *natureza* completar o que foi iniciado com essa semente divina e trazer nosso potencial humano à tona. Portanto, a virtude de uma pessoa depende de sua excelência como ser humano, da habilidade com que ela desempenha seu potencial natural.

Ser virtuoso, então, é viver como a natureza nos projetou para viver. Daí vem o aforismo estoico sobre *viver de acordo com a natureza*.

Simplificando, a virtude é a mesma coisa para todos os seres vivos — a perfeição da própria natureza. Então, viver com *areté* é basicamente complementar a nossa natureza. Sem esse acabamento, é como se faltasse alguma coisa, e nossas vidas permanecem insatisfeitas. Está bem claro: se não vivermos de acordo com nosso potencial inato, jamais nos sentiremos realizados.

Vejamos um exemplo na natureza. O potencial natural de uma semente de uva é crescer, tornar-se uma videira e produzir uvas. Portanto, uma semente de uva *vive com* areté ou *em harmonia com a natureza* quando cumpre seu potencial natural ao se tornar uma videira e produzir uvas.

Assim como é o suficiente para a vida boa da videira produzir uvas, é suficiente para nós manifestarmos nossa melhor versão de momento a momento a momento. Só isso e mais nada. Não há necessidade de nada externo para se obter uma vida boa — nem casa na praia, nem anel de diamantes, nem louça de porcelana, e geralmente nada que não tenha sido plantado como potencial natural. E é isso que torna o estoicismo tão atraente. O potencial para se viver uma vida boa está dentro de todos nós — quer sejamos ricos ou pobres, saudáveis ou enfermos, donos de uma beleza extraordinária ou mundana. Todos nós podemos ter uma vida boa. Mas eu estou me adiantando aqui, pois ainda vamos aprender mais sobre a insignificância das coisas externas no segundo vértice do Triângulo da Felicidade Estoica.

Seu potencial natural está em sua melhor versão de si mesmo. No entanto, há algo mais. Os estoicos diziam que a diferença mais significativa que havia entre nós e os outros animais era a capacidade do ser humano de fazer uso da *razão*. O mestre estoico Epiteto explicava que o que nos separa dos animais selvagens e ovelhas é o nosso elemento racional, e não a pele desprovida de vasta pelagem, os ossos mais fracos ou a ausência de uma cauda. Mas negamos nossa própria humanidade e caímos na mesma categoria de uma ovelha quando permitimos que nossas *ações* se tornem impulsivas e impensadas. Ele questionava: "Quando nossas ações são combativas, maliciosas, raivosas e rudes, será que não estamos nos perdendo e nos tornando bestas selvagens?"

O ponto defendido por Epiteto é que nossa capacidade de usar a razão está no cerne do nosso potencial natural que necessitamos satisfazer, e é melhor demonstrada em nossas ações, manifestas de momento a momento a momento. Por um lado, a habilidade de fazer uso da razão é nosso presente mais precioso e, se vivermos por ela, teremos uma vida feliz e fluida — como uma videira que produz uvas. Por outro lado, é o nosso fardo mais pesado, porque se *falharmos* em viver por ela, decairemos ao nível de um bicho, negaremos nossa humanidade e não teremos uma vida feliz — como uma videira que deixa de produzir uvas palatáveis.

Então, para os estoicos, é *sensato* tentar ser sempre o melhor que você pode ser. Todos nós temos essa semente da razão, essa semente do nosso eu superior, plantada dentro de nós. E, portanto, retemos o potencial para uma vida virtuosa, ou seja, uma vida conduzida pela razão e que manifesta o nosso eu ideal. Essa expressão é demonstrada em ações geralmente honrosas e louváveis que beneficiam a nós mesmos e a terceiros. Conforme já aprendemos, a virtude é o aperfeiçoamento da própria natureza de todos os seres vivos; no caso dos seres humanos, então, a virtude é a *excelência da razão*. Em outras palavras, viver com *areté* é a excelência na manifestação da nossa melhor versão em todos os momentos. Lembre-se, viver com *areté*, virtude, razão e de acordo com a natureza são expressões diferentes para o mesmo objetivo.

Na filosofia estoica, está bem nítido que o aperfeiçoamento da razão não apenas incluía ações *racionais*, mas também *sociais* na forma de deveres para com nossos semelhantes, tais como honrar nossos pais, ser agradável para com nossos amigos e estar interessado no bem-estar da humanidade. Como criaturas racionais *e* sociais, devemos, portanto, fazer uso da razão e expressar nossa melhor versão em três principais aspectos da vida:

- **Nossa própria mente**: como seres humanos com a capacidade de pensar racionalmente, devemos abordar nossas ações racional e sabiamente, e tentar ser o melhor que pudermos em todos os momentos.
- **Com outras pessoas**: como seres sociais que se preocupam naturalmente uns com os outros, devemos tentar viver em harmonia com nossos semelhantes e contribuir para o bem-estar da humanidade.
- **No universo**: como cidadãos do vasto cosmos, devemos tentar viver em harmonia com a natureza, aceitar com tranquilidade os estímulos que nos acometem e tentar responder a eles com sabedoria.

Eu sei, toda essa coisa de *areté*, virtude, razão e satisfação do nosso potencial natural é altamente abstrata e difícil de se compreender nitidamente quando o assunto é transpô-la para a prática. Felizmente, os estoicos adotavam uma classificação de virtude mais compreensível, dividida em quatro traços de caráter desejáveis, conhecidos como as quatro *virtudes cardeais*. Antes de analisarmos essas virtudes, no entanto, vamos falar rapidamente sobre o *Sábio* estoico, o ideal hipotético que os estoicos adotavam para retratar a pessoa perfeitamente sábia e boa — o Adônis de caráter, se assim você preferir.

Você deve estar se perguntando: *ao menos é possível ser o melhor que podemos em todos os momentos?* Não, não é. É por isso que os estoicos tinham o Sábio como ideal, porque não existem humanos perfeitos. E não precisamos ser perfeitos aos olhos dos estoicos, mas podemos pelo menos tentar ser nossa melhor versão possível. É por isso que eles contemplavam o Sábio, queriam ser sua melhor versão possível e, assim como o Sábio, atingir a *eudaimonia* perfeita. "Ele vive em total harmonia consigo, com o restante da humanidade e com a Natureza como um todo", descreve Donald Robertson, "porque segue a razão e aceita seu destino com benevolência, à medida que está além de seu controle. Ele está acima dos desejos e emoções irracionais, alcançando a paz de espírito. Seu caráter é absolutamente louvável, honrado e belo."

Não é de se admirar que o Sábio seja um ideal hipotético, mas os estoicos dizem que é benéfico ter alguém com quem possamos nos comparar. O Sábio torna mais fácil imaginar nosso eu ideal e atua como uma placa de sinalização apontando a direção certa. Agora, vamos dar uma olhada nas quatro virtudes que nos servem de referência nessa tentativa de oferecer um desempenho semelhante ao do Sábio.

As quatro virtudes cardeais

Você e eu nos aproximamos do nosso objetivo comum de uma vida boa conforme avançamos no objetivo de viver com *areté*. Agora podemos avaliar esse progresso em quatro grandes traços de caráter que os estoicos tomaram emprestado da filosofia socrática. Eles dividiam a virtude nas quatro virtudes cardeais da sabedoria, justiça, coragem e autodisciplina. Viver em conformidade a esse predicados forma um caráter forte e permite que suas ações geralmente sejam honrosas e louváveis, assim como ocorre com o Sábio. Os traços de caráter opostos, ou seja, considerados imorais e perversos, são conhecidos como os *quatro vícios cardeais*. *Kakia* é a palavra grega que se opõe a *areté* e dá origem a um caráter fraco que se manifesta na forma do comportamento vergonhoso e ignorante. Vamos conhecê-los, um a um:

- **Sabedoria** envolve a compreensão de como agir e sentir de maneira adequada. A sabedoria inclui excelente capacidade de debate, julgamento saudável, perspectiva e bom senso. Ela é oposta ao vício da tolice ou da irreflexão.
- **Justiça** é saber como agir e se sentir bem em nosso relacionamento com nossos semelhantes. A justiça inclui bom coração, integridade, serviço ao público e justeza. Ela é oposta ao vício da transgressão ou da injustiça.

- **Coragem** é saber como agir e sentir corretamente ao se deparar com situações que geram medo. A coragem inclui bravura, perseverança, honestidade e confiança. É oposta ao vício da covardia.
- **Autodisciplina** (ou parcimônia) é saber como agir e se sentir bem, apesar de emoções como desejo intenso, resistência interior ou luxúria. A autodisciplina inclui organização, autocontrole, perdão e humildade. É oposta ao vício dos excessos.

Esses são definitivamente traços de caráter pelos quais se vale a pena lutar, certo? Se você for parecido comigo, então isso é intuitivo, e todos nós, mesmo em diferentes religiões e culturas, valorizamos essas mesmas características em nossos semelhantes e em nós mesmos. Ao lê-las, no entanto, você pode achar que é bom em *justiça* porque sempre trata os outros com imparcialidade excepcional, mas não é tão bom em *autodisciplina* porque muitas vezes luta para se limitar àquela única tacinha de vinho tinto. Agora, muito embora faça todo o sentido dizer que você é melhor em alguns itens e pior em outros, para os estoicos, o que vale é o pacote completo. A virtude é um pacote ou-tudo-ou-nada.

Os estoicos tinham uma analogia para deixar tudo mais fácil de se entender: um indivíduo pode ser poeta, orador *e* general, mas ao mesmo tempo, ainda é apenas *um* indivíduo. E assim também são as virtudes, aglutinadas em uma só, mas podem ser adaptadas a diferentes áreas de ação. Então esse indivíduo pode ser um excelente poeta, um orador razoável e um péssimo general, mas o que importa é a pessoa como um todo, e não as ações isoladas em suas respectivas áreas.

E se pensarmos bem, esse pacote ou-tudo-ou-nada faz sentido. Afinal de contas, não podemos chamar um ladrão de banco altamente autodisciplinado e corajoso de uma pessoa virtuosa.

A virtude perfeita é um ideal que apenas o Sábio é capaz de alcançar, mas é um belo incentivo constatar que o que importa mesmo é o seu eu como um todo. Você pode crescer e amadurecer como um todo, e não importa se alguém observa suas ações virtuosas ou não, só de tentar progredir e tentar ser o melhor possível já é o suficiente. Portanto, a virtude é essencialmente uma forma de sabedoria *prática*: *saber* o que é o certo e de fato *fazê-lo*. E tenha em mente que, assim como uma videira não produzirá uvas perfeitas em seus primeiros anos, e vai continuar a produzir algumas uvas azedas mesmo em seu auge, você vai melhorar se tentar alcançar seu máximo, mas também vai continuar a falhar de vez em quando. Essa imperfeição é perfeitamente natural e algo que os estoicos observavam em suas próprias vidas.

Eis um exemplo de Sêneca: "Quando as luzes se apagam e minha esposa fica em silêncio, já ciente do meu hábito, examino todo o meu dia, analisando tudo o que fiz e disse." Sêneca defendia suas causas em seu tribunal íntimo todas as noites, e chegou a partilhar alguns exemplos em sua carta *Sobre a ira*. Minha história favorita fala sobre determinado evento, quando ele ficou furioso por não ter sido alocado no lugar de honra que pensava merecer. Ele passou a noite zangado com o anfitrião responsável pelas acomodações, e também com os convidados que estavam em patamares acima do dele. "Seu lunático", escreveu ele em seu diário, "que diferença faz em que parte do sofá você deposita seu peso?"

A questão é: ninguém será perfeito em todas as suas ações, e contanto que estejamos tentando alcançar nosso melhor, isso não faz diferença. O mundo não é preto e branco, nem sempre conseguimos distinguir o certo do errado, mas podemos sempre tentar agir sob nossas melhores intenções. E é assim que compreendo o conceito de viver com *areté* — em todos os momentos, tente ser o melhor possível, tente escolher a ação/reação adequadas e simplesmente tente ser uma boa pessoa, que se preocupa com os outros e com a natureza como um todo. Em outras palavras, desenvolva seu caráter. E é isso que veremos depois da valiosa observação que virá a seguir:

Atenção (literalmente): Se é nossa intenção ser o melhor possível em todas as situações, se nossa intenção é viver com *areté*, então precisamos estar atentos a cada passo que damos. Hoje, chamamos isso de "atenção plena", mas os estoicos usavam o termo "atenção" (*prosochê*). Nas palavras de Marco Aurélio, devemos prestar "atenção veemente... ao desempenho da tarefa em mãos, com análise precisa, com dignidade imparcial, com compaixão humana, com justeza desapaixonada". É possível alcançar tal estado de concentração simplesmente realizando "cada ação como se fosse a última de nossas vidas".

Imagine que você está caminhando descalço pela praia quando de repente surge um trecho cheio de cacos de vidro. Agora, você anda com muito cuidado e observa cada passo com olhos de falcão para não se machucar — *essa* é a atenção que os estoicos querem que prestemos a todas as nossas ações. Essa atenção concentrada e auto-observação contínua certamente se fazem necessárias se quisermos alinhar nossas ações à virtude, pois como poderíamos ter certeza de que estamos agindo virtuosamente se nem mesmo estamos prestando atenção em nossos atos? À medida que deixamos nossos pensamentos se dispersarem, nossas ações se tornam *negligentes*, aí fazemos tolices e abrimos mão de nossas oportunidades de atingir a *eudaimonia*, pois estamos longe de ser o nosso melhor naquele exato momento. Isso vai acontecer inúmeras vezes, mas é aí que a atenção plena se revela mais necessária. "A consciência da transgressão é o primeiro passo para a salvação", diz Sêneca. "Você tem que se flagrar fazendo o ato para poder corrigi-lo." Exatamente como ele fez quando percebeu o quão lunático estava por ter ficado furioso por causa do seu assento no evento. Sem essa consciência, nossas ações se tornam impulsivas, automáticas e aleatórias — exatamente o oposto do que queremos.

"A atenção (*prosochê*) é a postura espiritual estoica fundamental", explica o escritor Pierre Hadot. "É uma vigilância e presença de espírito contínuas, uma autoconsciência que nunca dorme, e uma tensão constante do espírito. Graças a essa postura, o filósofo tem plena consciência do que faz a cada instante, e *intenciona* plenamente suas ações." Mesmo que essa consciência eternamente desperta seja o objetivo do estoico, Epiteto disse que não é possível ser irrepreensível, mas podemos tentar, e "devemos nos contentar se, ao nunca reduzirmos essa atenção, conseguirmos escapar de pelo menos alguns erros".

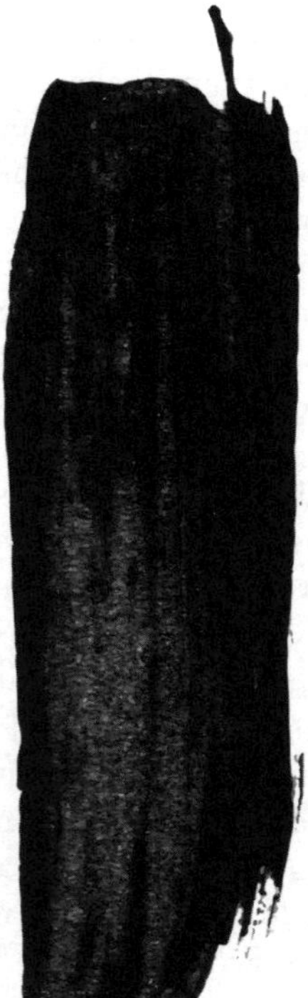

O caráter supera a beleza

"Ponha de lado a toga do senador, vista trapos e compareça em juízo com este caráter." Não importa qual papel você desempenhe na sociedade, não importa se você usa terno e gravata, ou meias e sandálias, Epiteto está dizendo que o que importa é sua essência, o seu caráter. A única maneira de reconhecer um verdadeiro estoico, portanto, é por meio do seu caráter.

Pense em alguém que você conhece que seja dono de grande firmeza moral. Eu logo penso no *Bruno*. Bruno foi um dos meus primeiros treinadores de futebol. Era um sujeito confiável, honrado e, o mais importante, consistente em suas ações. Ele era justo e honesto não apenas quando era conveniente, mas sempre. Uma pessoa de caráter sólido como uma rocha, com uma pitada de humor fantástico. Tenho certeza de que você tem um Bruno na sua vida, e com isso fica nítido por que o estoicismo valoriza tanto o caráter de alguém.

"O caráter supera a beleza", escrevi certa vez em um artigo. Isso provavelmente não é válido para a nossa época, que um dia certamente será referida como a *época da mania da beleza* nos livros de História, mas definitivamente é verdade na filosofia estoica. Os estoicos teriam ido além e afirmariam que "o caráter supera não apenas a beleza, mas também a riqueza, o poder e, sim, até mesmo o trunfo". Ser uma pessoa de fato virtuosa significa atingir a excelência em seu caráter e sempre tentar fazer o melhor e o que geralmente é considerado honrado e louvável. A virtude é o bem supremo no estoicismo, e viver de acordo com ela acabará por transformá-lo em uma pessoa genuinamente boa. E isso virá com mais algumas compensações. Deixe-me explicar.

Vamos falar do Bruno de novo. Você acha que as ações consistentemente justas e honestas dele passavam despercebidas? Não! Ele foi promovido várias vezes em seu cargo de treinador e se tornou uma das figuras mais importantes do clube. Até onde eu sei, todos gostavam dele e eram gratos a ele. Seu caráter confiável e constante lhe rendeu um monte de benesses. Só para citar algumas: o amor e a admiração de seus alunos, respeito e poder no clube, e assim por diante. E graças a esses bônus, Bruno certamente vivenciou sentimentos de alegria e valoração.

E o mesmo também pode ocorrer em nossas vidas. Quando agimos com coragem, honestidade e justeza, podemos ganhar bons sentimentos em troca. Quando você fala grosso com Jimmy, que está fazendo bullying, a vítima dele pode agradecê-lo pela interferência, e você vai ficar orgulhoso como consequência. Quando você contar a seus pais a verdade sobre aquele baseado, pode ser que você fique aliviado. Quando você persevera na busca por um emprego, você fica feliz quando uma empresa o contrata.

Para os estoicos, é importante que esses sentimentos positivos não sejam as motivações principais das nossas ações virtuosas. Os sentimentos positivos devem ser vistos como um *bônus*. A virtude deve ser a recompensa em si, por pelo menos duas razões:

1. O bônus (por exemplo, sentimento de alegria) não está sob nosso controle.
2. O bônus poderia se originar de outras ações *não* virtuosas.

Você deve agir virtuosamente porque é a coisa certa a se fazer, e não porque isso o beneficiará de uma forma ou de outra. Devolva uma carteira cheia de dinheiro porque é a coisa certa a se fazer, e não porque você vai ganhar um trocado do dono depois. O *bônus* é sempre incerto e não está sob o seu controle. Você só controla sua ação, e não o que acontece depois. Sim, pode ser que ele lhe dê alguma recompensa. Mas também existe a chance de você simplesmente não ganhar nem um agradecimento verbal. Portanto, um estoico deve estar disposto a agir com coragem, *apesar* de seus sentimentos de resistência, e não *por causa de* possíveis benefícios futuros.

Marco Aurélio descreve isso elegantemente em sua obra *Meditações*. Ele distingue três tipos de pessoas. O primeiro tipo, depois de dedicar um ato de bondade a alguém, rapidamente exige o favor em troca. O segundo tipo não é tão rápido na hora de pedir a retribuição do favor, mas no íntimo considera que a pessoa ajudada tem uma dívida com ele. E o terceiro tipo de pessoa é simplesmente como "a videira que produz uvas e não quer mais nada senão gerar seus frutos". Como um cavalo depois da corrida ou uma abelha depois de produzir mel, esse terceiro tipo não pede nada, e simplesmente segue a vida, "assim como a videira volta a produzir uvas em seu devido tempo". É da nossa *natureza* fazer o bem aos outros, e devemos fazê-lo por fazer.

O amor estoico da humanidade: atue pelo bem-estar comum

Somos criaturas sociais com afeição natural por outras pessoas. A filosofia estoica está repleta de bondade, gentileza, amor pelos seres humanos e atenção ao bem comum, diz Sêneca. O objetivo é ser útil, ajudar nossos semelhantes e cuidar de nós mesmos e de todos os outros.

Os estoicos cultivavam a ideia de que devemos nos preocupar com as outras pessoas, desejar que prosperem e desenvolver um senso de parentesco para com o restante da humanidade: trate até mesmo desconhecidos e opositores como parentes — irmãos e irmãs, tias e tios. Somos todos cidadãos do mesmo mundo. Essa afinidade compartilhada forma o alicerce para o amor e amizade mútuos.

Uma pessoa não é capaz de alcançar nada de bom para si, diz Epiteto, "a menos que contribua para a comunidade". Essa é a natureza do animal social e racional que somos. Fomos projetados para viver entre outros seres humanos, muito semelhantes às abelhas, diz Musônio Rufo: "Uma abelha não consegue viver sozinha: ela morre quando isolada". E Marco Aurélio convenientemente acrescenta: "O que não traz benefício à colmeia não traz benefício à abelha". Nossas ações devem beneficiar o bem-estar comum, ou não beneficiarão a nós mesmos. Somos como um enorme organismo: interdependentes.

Nosso dever social é nos preocupar com a humanidade como um todo, trabalhar juntos e ajudar uns aos outros. "Pois tudo o que faço", diz Marco Aurélio, "deveria ser direcionado a este único fim, o bem comum e a harmonia." Não temos como manifestarmos nossa melhor versão se ao mesmo tempo não contribuirmos para o bem comum. Se buscarmos o que há de melhor em nós mesmos, estaremos cuidando ativamente do bem-estar de todos os outros seres humanos. O melhor para os outros será o melhor para você.

Não é que sejamos sociais no sentido de que gostamos do contato social, é no sentido mais profundo, de que não poderíamos *existir* sem a ajuda de nossos semelhantes. Portanto, ao fazer o bem a terceiros, fazemos, na verdade, o bem a nós mesmos. Beneficiar os outros é uma forma de virtude e, em última análise, também nos beneficia, pois a virtude em si é a recompensa. Agora que você já sabe que fazer o bem aos outros é um benefício para você mesmo, pode egoisticamente fazer o bem aos outros. Tudo em seu próprio benefício.

Em última análise, não importa se fazemos o bem aos outros por motivos egoístas ou altruístas, desde que a intenção seja agir pelo bem-estar comum. Lembra-se dos três tipos de pessoas que Marco Aurélio descreveu? O primeiro sempre buscando uma retribuição, o segundo considerando que o outro lhe tem uma dívida eterna, e o terceiro, que é o mais semelhante a uma videira, produzindo uvas sem desejar nada em troca. É seu dever social fazer o bem aos outros, e sem buscar nada em troca.

Marco Aurélio diz que cumprir seus deveres sociais simplesmente vai aumentar suas chances de ter uma vida boa. Essa é a recompensa por agir pelo bem-estar comum, não é a gratidão, a admiração ou a compaixão — todos estes são um *bônus* (incerto) e não deveriam ser a motivação de suas ações. Então, até mesmo

Marco Aurélio agia pelo bem comum por um motivo egoísta — porque ele achava que isso aumentaria suas chances de alcançar uma vida boa.

Viver com *areté* e direcionar suas ações para o bem comum é a recompensa propriamente dita. Essa é a nossa natureza e, no fim das contas, nossa melhor chance de ter uma vida feliz e fluida. Não devemos procurar ou desejar algum tipo de bônus por isso, como a admiração de terceiros, pois isso não está sob nosso controle e pode se esvair rapidamente. "Mas a pessoa sábia não tem nada a perder", argumenta Sêneca, "seus próprios bens estão firmemente guardados, atados à virtude, e isto não requer nada do acaso e, portanto, não pode ser aumentado ou diminuído."

Em todos os momentos, você deve se fiar em seu caráter, que é decorrente de suas ações. Na filosofia estoica, é suficiente tentar manifestar seu eu superior em todos os momentos e direcionar suas ações para o bem comum. É a única coisa que você pode fazer. Marco Aurélio lembra a si lindamente que uma lamparina brilhará até o momento em que seu combustível se extinguir. Então por que sua verdade, justeza e autocontrole não deveriam brilhar até que ele fosse extinto? Nesse sentido, vamos acender nossas lamparinas da virtude e deixá-las brilhar, expressando nossas melhores versões enquanto pudermos existir.

2. Concentre-se no que você pode controlar: aceite todos os acontecimentos e tire o melhor proveito deles

> "O que é então deter a erudição adequada? É aprender a inserir nossas preconcepções naturais às coisas certas, de acordo com a Natureza e, além disso, separar as coisas que estão ao nosso alcance daquelas que não estão." *Epiteto*

"Algumas coisas estão em nosso poder, e outras não." Estas são as primeiras palavras do *Enchiridion* de Epiteto. Conforme já aprendemos, *enchiridion* se traduz em *disposto à mão* — como uma adaga —, e a separação entre o que está em nosso poder e o que não está é algo que devemos ter sempre à mão, pronto para nos ajudar a lidar com tudo o que a vida nos oferece. A lição principal de Epiteto era que há coisas que dependem de nós e coisas que não dependem; devemos sempre "fazer o melhor uso do que está em nosso poder, e ir lidando com o restante conforme acontece". Essa ideia é *o* pilar da filosofia estoica e, portanto, constitui o segundo vértice do nosso Triângulo da Felicidade Estoica.

Imagine que você tem uma boneca que se parece com você. Vamos chamá-la de *boneca vodu*. Maravilha. Agora você vai até a janela, abre e joga sua boneca na rua. Você fica em casa e aguarda por um dia ensolarado com alguns eventos bons. De repente, a vida se transforma numa montanha-russa emocional — sem que você tenha o direito de se manifestar. Um cachorro mija em você, um engomadinho lhe dá um chute e um carro o atropela. *Argh...* a vida é uma droga! Agora, ninguém de fato faria isso com sua própria boneca vodu. Ou faria? Não é exatamente isso que a maioria das pessoas faz ao se preocupar com coisas que lhe fogem ao controle? Sim, essa é a *causa raiz* do sofrimento emocional, preocupar-se com eventos externos. Será que o Steven gosta de mim? Vou conseguir aquele emprego? Por que não sou mais alto/mais magro/mais bonito? Atribuir poder a coisas sobre as quais não temos controle direto causa um bocado de sofrimento emocional. É por isso que os estoicos nos dizem para pegar aquela boneca vodu imaginária de volta e nos permitir decidir quando seremos chutados. A questão é: os estoicos querem que nos concentremos no que controlamos e deixemos que os cachorros mijem onde lhes é permitido.

Quais então são as coisas sobre as quais temos controle? Só algumas: nossos julgamentos e ações voluntários. Podemos decidir o que os acontecimentos significam para nós e como queremos reagir a eles. (Vamos analisar nossos julgamentos com mais detalhes no terceiro vértice do Triângulo da Felicidade Estoica.) E quanto a nossas ações, podemos escolher alinhá-las à virtude, conforme discutido no tópico anterior. Todo o restante não está sob nosso controle. E isso vai desde as condições climáticas às pessoas e suas atitudes, passando por nossa saúde e nosso corpo, até literalmente tudo o que acontece ao nosso redor.

Veja só, nosso corpo, por exemplo, não está completamente sob nosso controle. Certamente podemos influenciá-lo com nosso comportamento — podemos levantar pesos na academia, correr e comer brócolis todos os dias —, mas isso não vai deixar nossos quadris mais estreitos, alargar nossos ombros, deixar nosso nariz mais reto ou nossos olhos mais azuis. Existem certas coisas que influenciam nosso corpo e que não controlamos, como genes, exposição precoce ou lesões. A chamada *dicotomia estoica do controle* — algumas coisas dependem de nós, outras não — na verdade, tem a ver com o reconhecimento dos três níveis de influência que temos sobre o mundo:

- **Alta influência**: nossas escolhas nos julgamentos e ações;
- **Influência parcial**: saúde, riqueza, relacionamentos e as consequências dos nossos comportamentos;
- **Nenhuma influência**: condições climáticas, etnia e a maioria das circunstâncias externas.

"Isso é integralmente por sua conta — quem está lá para impedir que você seja bom e sincero?" Marco Aurélio frequentemente se lembrava do poder que lhe foi concedido pela natureza — o poder de escolher suas ações e construir seu caráter. Ele dizia que as pessoas não têm como admirar você pelo que lhe foi concedido pela natureza, mas há muitas outras qualidades a se cultivar. "Portanto, exiba aquelas virtudes que estão totalmente em seu poder — integridade, dignidade, trabalho árduo, abnegação, contentamento, frugalidade, gentileza, independência, simplicidade, prudência, nobreza."

Somos os únicos responsáveis por cultivar ou não tais qualidades. Está ao nosso alcance evitar a maldade, conter nossa arrogância, parar de cobiçar a fama e controlar nosso temperamento. "Não vê quantas virtudes você pode exibir sem recorrer a pretextos como falta de talento ou aptidão? Ou será que o fato de você não possuir nenhum talento inato o obriga a resmungar, a bajular ou a culpar?" Não, não obriga! Está em nosso poder escolher nosso comportamento, mesmo que tudo o mais não esteja ou esteja apenas parcialmente sob nosso controle.

Antes de avaliarmos mais detalhadamente o que está sob nosso controle, vamos dar uma olhada em um exemplo prático. A Oração da Serenidade, normalmente adotada pelos Alcoólicos Anônimos e outras comunidades de recuperação, é basicamente a ideia levada à prática:

> "Deus, conceda-me Serenidade para aceitar as coisas que não posso mudar, coragem para mudar as coisas que posso, e a Sabedoria para discernir uma da outra."

Os adictos em recuperação não podem mudar o abuso sofrido na infância, ou talvez mesmo antes de nascerem. Não podem desfazer as escolhas que fizeram; eles não têm como *des*cheirar a cocaína, *des*beber o álcool ou *des*engolir os comprimidos. Eles não têm como desfazer a dor que causaram a si e aos outros.

Mas podem aceitar o passado e tentar mudar o agora e o futuro, concentrando-se nas escolhas que estão fazendo neste momento. E o mesmo vale para nós, que podemos nos concentrar naquilo que controlamos — ou seja, nas escolhas que fazemos todos os dias — e ir lidando com o restante conforme for acontecendo. Pois é fútil e, portanto, *tolo*, dizia Epiteto, preocupar-se com as coisas que não dependem de nós.

O arqueiro estoico: foco no processo

Como sou suíço, vamos então partir para uma lenda suíça. No início do século XIV, parte da Suíça era oprimida pelos imperadores Habsburgos de Viena. Em um vilarejo, o cruel governador ergueu um poste na praça do mercado, pendurou seu chapéu com penachos no alto e passou a exigir que todos se curvassem diante do chapéu. Quando Guilherme Tell e seu filho passaram pelo local sem se curvar — seja porque não sabiam do decreto ou porque simplesmente o ignoraram —, como castigo, Tell foi obrigado a atirar com sua besta numa maçã sobre a cabeça de seu filho. Felizmente, ele era especialista no manejo da arma e acertou a maçã com um tiro certeiro. Mas foi preso mesmo assim por admitir que havia preparado uma segunda flecha para matar o governador caso errasse a maçã e seu filho fosse atingido.

Graças a uma tempestade, Tell conseguiu fugir do barco que o levaria ao calabouço no castelo do governador. Sabendo que depois da fuga ia encarar uma sentença de morte, ele correu para o beco que levava ao castelo e montou uma emboscada. Quando o governador cruel e seus seguidores atravessaram o beco, Guilherme Tell surgiu e atirou no governador com sua segunda flecha, direto no coração, antes de se embrenhar e sumir na floresta. O ato de bravura de meu compatriota desencadeou uma rebelião e levou à livre Confederação Suíça — *viva!*

Centenas de anos antes de Tell atirar na maçã sobre a cabeça de seu filho, os estoicos usaram a *metáfora do arqueiro* para explicar essa ideia fundamental de se concentrar naquilo que você controla. Tell pode puxar o arco, fechar um olho, concentrar-se, mirar, prender a respiração e, finalmente, puxar o gatilho. Agora imagine a flecha no ar em câmera lenta. A flecha está lá, seguindo pelo ar em direção à maçã. Está fora de controle — Tell não pode mais influenciá-la, só lhe resta esperar para ver. Uma rajada de vento inesperada pode tirar a flecha do seu curso. Um pássaro pode voar diretamente na frente da flecha. O filho poderia se abaixar, ou sua mãe poderia intervir e heroicamente receber o golpe.

O que quero dizer é que Tell pode tentar fazer o melhor possível no momento em que puxa o gatilho, mas se ele vai acertar em cheio a maçã ou seu filho, não está mais em seu poder. E o mesmo vale para nós em nossa vida cotidiana. Podemos escolher nossas intenções e ações, mas o resultado depende de variáveis externas para além do nosso controle. É por isso que os estoicos aconselhavam que nos concentrássemos no que podíamos controlar e deixássemos que o restante acontecesse à sua vontade.

Nos tempos modernos, chamamos isso de *foco no processo* — focar no processo (sob nosso controle), em vez de focar no resultado desejado (fora do nosso controle). No tiro com a besta, o resultado desejado é acertar o alvo, mas não é aí que o foco deve estar, pois está além do nosso controle. É mais inteligente se concentrar em realizar da melhor forma possível o processo que pode levar ao resultado desejado. Os estoicos perceberam que o processo afeta o resultado. O processo envolve nosso comportamento, a prática cautelosa e tudo o que nos prepara para atirar bem.

O sucesso, então, é definido pelo nosso esforço para fazer tudo o que está ao nosso alcance. Se acertamos a meta ou não, se vencemos ou perdemos, se emagrecemos ou não, no final das contas, não importa. Temos sucesso ou falha já no processo. Assim, o arqueiro estoico se concentra no processo (se preparando e atirando bem); um possível resultado positivo (acertar o alvo) não vai despertar júbilo, e um possível resultado negativo (errar o alvo) não vai despertar desespero. O arqueiro estoico é bem-sucedido no processo e está pronto para aceitar qualquer resultado com serenidade e confiança, sabendo que deu o seu melhor.

Esse foco no processo, ideia do foco no que você controla, é um grande impulsionador da confiança. Você sabe que se der o seu melhor, será bem-sucedido, não importa o que aconteça. É só o que lhe resta fazer. Se você tentar fazer o seu máximo no seu trabalho, nos seus relacionamentos e na sua saúde, então sempre vai estar confiante e em paz consigo. Essa confiança tranquila, ou serenidade, reside em saber que você fez tudo ao seu alcance, pois era o que estava sob seu controle.

Mesmo que as coisas não terminem bem, você fica satisfeito em saber que deu o seu melhor. Não há necessidade de justificar os maus resultados, afinal de contas, existem muitos fatores incontroláveis que influenciam os desenlaces.

Somente se você tiver noção de que não fez tudo ao seu alcance, vai se sentir inseguro e deverá se justificar. Essa é a lacuna obscura entre o que você de fato está fazendo e o que é capaz de fazer, conforme já mostramos. Os estoicos destacavam que a ansiedade e a perturbação interna vêm do ato de desejar as coisas que estão fora do nosso controle. Epiteto, por exemplo, dizia que é tolice querer que amigos e parentes vivam para sempre porque isso não depende de nós. Como visto, a causa raiz do sofrimento emocional vem da preocupação com coisas que não controlamos.

É por isso que devemos nos concentrar no processo; o processo está totalmente sob nosso controle. E se definirmos o sucesso como dar o nosso melhor ao longo do processo, então não há meio de falhar, e assim nos sentimos serenamente confiantes e aceitamos qualquer resultado com equanimidade.

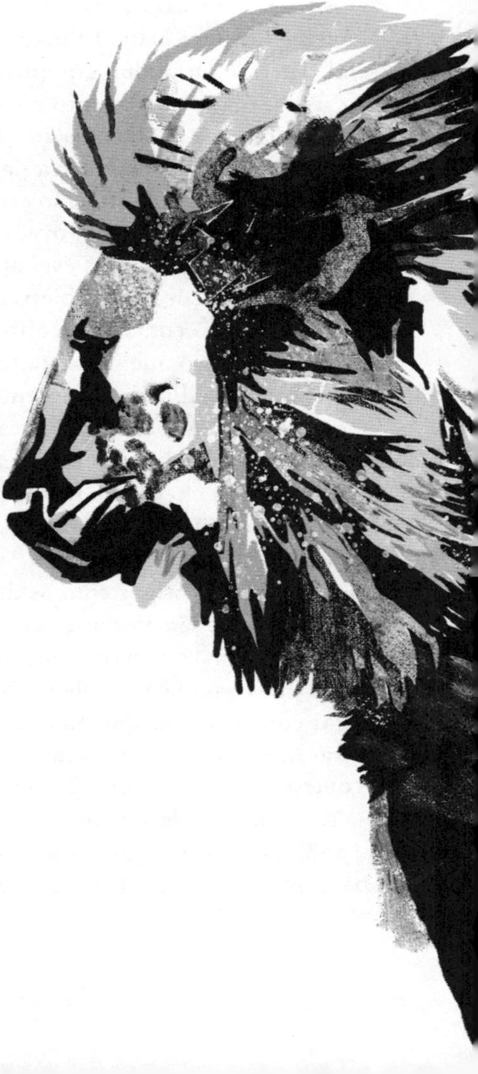

Aceitação estoica: aproveite a cavalgada ou seja arrastado

"O sofrimento é a nossa resistência psicológica ao que acontece", explica Dan Millman em *The Way of the Peaceful Warrior*. Os acontecimentos podem nos causar dor física, mas o sofrimento e a perturbação interior vêm somente da resistência ao que é, da luta contra a realidade. Ficamos com raiva daquele motorista que nos deu uma cortada no trânsito, ficamos insatisfeitos com nossas notas nas provas escolares e nos desesperamos porque o ônibus está atrasado. Se olharmos para essas situações com objetividade, reconhecemos que é inútil lutar contra elas, afinal, não podemos mudar ou desfazer o que já existe. No entanto, nós lutamos contra a realidade e queremos que seja diferente o tempo todo. Aquele motorista não deveria dirigir daquele jeito, minhas notas deveriam ser melhores, o ônibus deveria chegar no horário. *Exigimos* ter as coisas do nosso jeito, da maneira que queremos, da maneira que esperamos que seja.

Isso é querer brigar com os deuses, diz Epiteto, as coisas são como são porque é assim que devem ser. Nossa dor emocional emana da confusão entre as coisas que cabem a nós e as que não cabem. Brigar com a realidade, brigar com as coisas que não podemos mudar, só nos deixará perturbados, com raiva do mundo, culpando os outros, ressentindo-nos da vida e odiando os deuses.

Toda vez que desejamos algo que não está em nosso poder, nossa tranquilidade e confiança sofrem um abalo; se não conseguimos o que queremos, ficamos chateados, e se conseguimos, ficamos ansiosos e inseguros ao longo do processo de obtenção delas, pois o fato é que a gente nunca sabe se vai consegui-las mesmo. Sendo assim, devemos sempre nos concentrar no que depende de nós; desse jeito, não acabaremos culpando os outros, não nos ressentiremos da vida e certamente não brigaremos com os deuses. É daí que vem grande parte do poder do estoicismo. A internalização dessa verdade básica de que podemos controlar nossas ações mas não seus resultados nos torna confiantes, pois sabemos que demos tudo o que estava ao nosso alcance, e é essa confiança que nos permite aceitar com serenidade o que quer que aconteça.

Concentre-se no que você controla e vá lidando com o restante conforme for acontecendo. O *restante* não está sob seu controle, é por isso que os estoicos aconselham aceitá-lo, mesmo que não seja agradável. Aceite primeiro, e depois tente tirar o melhor proveito da situação. Deveríamos aceitar em vez de lutar contra tudo. Se aquele cara o interrompe, então que seja. Se suas notas estão ruins, é isso, você teve a chance de se preparar melhor. Se o ônibus está atrasado, está, pronto. Talvez seja bom que ele esteja atrasado. Quem sabe? A única coisa que você sabe é que o ônibus ainda não chegou. E tudo bem, porque o motorista não é você, é outra pessoa.

Os estoicos querem que cultivemos a aceitação em torno de tudo o que acontece, pois a maioria delas ocorre sem que tenhamos direito a uma palavra que seja sobre o assunto. Ou você aceita o que vem e tentar se divertir, ou então fica relutante e se deixa ser arrastado por qualquer caminho. Há uma metáfora maravilhosa que os estoicos usam para explicar isso. Imagine a guia de um cão presa a uma carroça em movimento. A guia é longa o suficiente para dar ao cão duas opções: (1) ou ele pode seguir suavemente em direção à carroça, sobre a qual ele não tem controle, e ao mesmo tempo aproveitar o passeio e explorar os arredores, (2) ou ele pode resistir obstinadamente com toda sua força e acabar sendo arrastado de qualquer maneira durante o restante da viagem.

Assim como acontece com o cachorro, há muitas coisas em nossas vidas que não podemos controlar. Ou aceitamos a situação e tentamos tirar o melhor dela, ou lutamos como um bebê manhoso e terminamos infelizes e fazendo birra. A escolha é nossa. Nas palavras de Ryan Holiday: "Ficar chateado com as coisas é presumir erroneamente que elas vão durar, [e] ressentir-se da mudança é presumir erroneamente que você tem escolha." É por isso que devemos levar a sério o conselho de Epiteto: "Não busque que os eventos aconteçam como você deseja, mas sim que os eventos aconteçam como são, e sua vida correrá bem". Muito simples. (Ainda assim, não tão fácil — veremos diferentes exercícios para isso na Parte 2.)

Às vezes acontecem coisas muito infelizes, sem dúvida. Os entes queridos morrem, uma enchente destrói sua casa, você perde o emprego ou é reprovado na escola. Você não tem como desfazer essas condições, então só lhe resta tentar tolerá-las com um espírito nobre e tentar tirar o melhor da situação. A filosofia estoica ensina a se concentrar naquilo que você controla, a lidar com as coisas conforme elas vão acontecendo e tentar tirar o melhor proveito da situação toda. O que importa é o que você faz com dada situação, e sua atitude no decorrer do processo. O resultado, por outro lado, está além do seu controle e não importa muito.

Esse é o tipo de pessoa que Epiteto está procurando: "Encontre para mim uma única pessoa que se importe com o modo como faz as coisas, e que esteja interessada não nos ganhos de seus atos, mas na conduta de suas próprias ações."

Atenção: Lidar com as coisas conforme elas vão acontecendo não tem nada a ver com resignação. Só porque os estoicos diziam que muitas coisas não estão em nosso poder e que devemos aceitar qualquer resultado com serenidade, isso não significa que eles fossem pouco ambiciosos, que nunca se sentissem desamparados ou que fossem resignados. Pelo contrário, a resignação é precisamente aquilo *contra* o qual os estoicos pregavam e lutavam. Os acontecimentos não atingem determinado desfecho independentemente de suas ações, mas sim *a depender* de suas ações. Com ações voluntárias, você pode codirecionar os resultados. Faz muita diferença o quanto você se empenha no treino e se esforça para acertar o alvo, a questão é que acertá-lo ou errá-lo não depende totalmente de você.

A argumentação de que você poderia simplesmente se resignar uma vez que o esperado é que você goste de qualquer desfecho que seja é ignorante e puramente preguiçosa. É necessário muito mais para se abraçar a aceitação do que lutar contra tudo o que acontece. É preciso ser forte de verdade para se defrontar com a imprescindibilidade, e é preciso ter a cabeça no lugar, contudo sem perder a humildade, para aceitar e lidar com o infortúnio. Em outras palavras, é preciso ser um filósofo-guerreiro. Porque um guerreiro encara tudo como desafio que vai torná-lo o melhor, enquanto uma pessoa comum apenas vê tudo como uma bênção ou uma maldição.

Só porque devemos tentar aceitar tudo o que acontece, não significa que aprovemos o resultado. Significa apenas que compreendemos que não podemos modificá-lo. Sendo assim, a melhor opção é aceitar — e a partir dessa aceitação, tentar tirar o melhor proveito do que vier. "Ninguém quer que seus filhos adoeçam, ninguém quer sofrer um acidente de carro; mas quando essas coisas acontecem, qual é a utilidade de se discutir mentalmente com elas?" É assim que Byron Katie coloca em seu livro *Loving What Is*. Claro, às vezes tudo está uma droga, mas não adianta lutar contra, nem adianta desistir e se sentir impotente. As lições dos estoicos vão ajudar a encarar as adversidades como um *desafio*, como um bloco de mármore bruto no qual podemos treinar para expressar nosso melhor e, por fim, ficamos mais fortes.

Os estoicos não se resignavam — eles se comprometiam a tomar as atitudes adequadas no mundo. Marco Aurélio foi o líder militar e político mais poderoso de sua época, e liderou seus exércitos em incontáveis batalhas para proteger o Império Romano. Ele era *sábio* o suficiente para saber a diferença entre o que dependia dele e o que não dependia, *corajoso* o suficiente para se concentrar e agir de acordo com o que estava sob seu poder, e *sereno* o suficiente para encarar com tranquilidade o que estava fora de controle, para que isso não afetasse seu bem-estar (veja a Oração da Serenidade na página 59).

As coisas boas, ruins e indiferentes

"Algumas coisas são boas, algumas são ruins e algumas são indiferentes." Epiteto e os estoicos não apenas faziam distinção entre o que depende de nós e o que não depende, mas também entre o que é bom, ruim e indiferente. Crucialmente, somente as coisas que dependem de nós podem ser boas ou ruins, e todas as que não dependem de nós são classificadas como *indiferentes*. É por isso que o arqueiro estoico encara qualquer resultado com serenidade, porque não está sob seu controle e é, portanto, em última análise, indiferente. No entanto, os estoicos adotavam uma distinção mais sutil, a qual definia, por exemplo, acertar o alvo (ou a maçã) como um indiferente *preferível*. Se o resultado ia ser *completamente* indiferente, então por que você tentaria acertar o alvo, para início de conversa? Antes de examinarmos tal distinção com mais critério, vejamos o que as coisas boas, ruins e indiferentes incluem:

- **Coisas boas**: tudo o que é virtude; sabedoria, justiça, coragem, autodisciplina;
- **Coisas ruins**: tudo o que é vício; insensatez, injustiça, covardia, intemperança;
- **Coisas indiferentes**: tudo o mais; vida e morte, saúde e doença, riqueza e pobreza, prazer e dor, boa reputação e má reputação.

As coisas boas e ruins só podem ser encontradas no seu comportamento. Expressar o seu eu superior, conforme já vimos, é o suficiente para uma vida feliz e fluida. Porque é a única coisa que está ao nosso alcance.

Nossas ações são imensamente válidas, e o desenvolvimento do caráter de um indivíduo é tudo o que importa para uma vida boa. Não necessitamos de nada externo. O mesmo vale para uma vida infeliz — vem de um comportamento imoral, independentemente das circunstâncias externas. O único *bem*, então, é viver em acordo com a natureza, satisfazendo nosso potencial natural e, assim, vivendo sob as virtudes da sabedoria, da justiça, da coragem e da autodisciplina. O *resultado* do nosso comportamento virtuoso, no entanto, depende do destino, está além do nosso controle direto e, portanto, não é bom nem mau, mas sim *indiferente*. Se as coisas que não estão sob nosso controle pudessem ser boas ou ruins, aí estaríamos destinados a sofrer em função da nossa incapacidade de fazer algo a respeito. Todo o bem deve necessariamente vir de nós mesmos.

As coisas indiferentes geralmente são resumidas em *saúde, riqueza e reputação*; mas basicamente tudo o que é externo, tudo o que *não* cabe a nós, é classificado como indiferente. Por *indiferente*, os estoicos querem dizer que tais acontecimentos são neutros e não ajudam nem prejudicam nossa prosperidade como seres humanos, eles são desimportantes para uma vida feliz e fluida. Se essas coisas externas fossem imprescindíveis para uma vida boa, isso soaria desmoralizante para aqueles que não as detêm. Por conseguinte, devemos aprender a nos tornarmos indiferentes às coisas indiferentes, e conforme já dito aqui, a lidar com o restante conforme vai acontecendo, em vez de lutar contra os eventos. Lembre-se, o arqueiro estoico está pronto para aceitar qualquer resultado com serenidade, porque está além do seu controle.

O termo *indiferença*, entretanto, é levemente enganoso, pois dá a impressão de que tais coisas não têm valor algum. Não é o caso. Embora tais coisas externas sejam irrelevantes para a vida boa, algumas são *preferíveis* a outras. É intuitivo escolher ser saudável em vez de doente, rico em vez de pobre, e bonito em vez de feio. Além disso, era óbvio que William Tell preferia acertar a maçã em vez de seu filho. Esses são chamados de indiferentes *preferíveis*. Se pudéssemos escolher, sempre escolheríamos as melhores opções, óbvio. E o mesmo vale para os estoicos: eles buscam as melhores opções, mas o fazem de maneira desapegada. Eles preferem ter, mas tudo bem se não tiverem. A prioridade continua a ser viver com *areté*, então eles só buscam os indiferentes preferíveis caso estes não interfiram na manifestação de seu eu superior.

Para os estoicos, a amizade é o indiferente preferível mais importante. Nossa natureza humana não somente é racional, mas também social e, portanto, somos naturalmente atraídos por outras pessoas. E uma pessoa boa sempre demonstra amor, bondade, justiça e preocupação para com seus semelhantes — para com seus irmãos, vizinhos e desconhecidos igualmente. Ter amigos sábios e bons é a coisa externa mais preciosa do mundo. Como escreve Sêneca, o indivíduo que é sábio "deseja amigos, vizinhos e camaradas, não importa o quanto ele seja autossuficiente". Somos capazes de ter uma vida feliz sem amigos, mas preferimos que *não* seja assim.

Diferentemente dos filmes de Hollywood, no entanto, os estoicos jamais valorizariam o amor mais do que a integridade moral. Sempre que a virtude estiver em jogo, tudo o mais precisa ceder. "O amor conquista tudo" pode ser romântico e render bons filmes, mas é precisamente o oposto das prioridades estoicas — nem mesmo o amor deveria ser negociado se o preço for o comprometimento do seu caráter. Então vá em frente e busque a amizade, contanto que não haja o rompimento com a virtude. É melhor tolerar a solidão, a doença e a pobreza de maneira honrosa do que buscar amizade, saúde e riqueza por meios vergonhosos. A pessoa boa sempre buscará a virtude e evitará o vício a todo custo.

É simplesmente fabulosa a forma como Sêneca explicou isso: "Boas pessoas farão o que acharem honroso fazer, ainda que exija muito esforço; farão mesmo que lhes cause danos; farão mesmo que as coloque em perigo. Novamente, não farão o que consideram baixo, ainda que isso lhes traga riqueza, prazer ou poder. Nada as dissuadirá do que é honrado, e nada as atrairá para o que é imoral."

No pôquer da vida

O pôquer é capaz de explicar lindamente essa ideia de coisas boas, ruins e indiferentes. A mão de cartas que você recebe são as variadas circunstâncias externas e ocorrências na sua vida: sua TV de tela plana, seu chefe escroto, a doença da sua companheira, as notas ruins do seu filho e seu melhor amigo alentador. Estas são as várias mãos que você recebeu e agora tem que jogar na mesa. As mãos são distribuídas ao acaso; você não tem como escolher as cartas. Sendo assim, as cartas de fato não importam, são neutras, indiferentes. O que importa é como você consegue encaixá-las no jogo.

No pôquer, assim como na vida, você pode vencer com qualquer mão. Claro, você vai preferir um par de ases e uma companheira saudável, mas isso não depende de você. O que cabe a você é o que você *faz* com a situação dada. Uma vez que a mão foi distribuída, você não tem escolha senão aceitar o que é tarde demais para mudar, e aí você deixa de desejar cartas melhores e passa a se concentrar na habilidade de jogar o melhor que puder.

A marca registrada de um jogador admirável, então, é que ele joga da melhor forma possível independentemente das cartas que tem na mão, e que aceita serenamente o que quer que saia. É só o que lhe resta fazer — dar o seu melhor com quaisquer cartas que receba. No fim, o vencedor não será o jogador com as melhores cartas, e sim aquele que conseguir jogar melhor com as cartas que recebe ao longo do torneio, ou ao longo de uma vida inteira.

A melhor mão — ótima saúde, riqueza e fama — por si só não tem como impulsionar um indivíduo tolo e injusto rumo a uma vida boa. E nem a pior mão — doença, pobreza e má reputação — é capaz de prejudicar o bem-estar da pessoa virtuosa. Em determinada escala, a virtude e um bom caráter sempre serão capazes de superar a saúde, a riqueza e a boa reputação. Nenhuma abundância de bens externos jamais fará jus ao caráter de uma pessoa. Alguns bens externos podem ser preferíveis a outros, mas, em última análise, são indiferentes; tudo o que é importante para uma vida boa é a maneira como jogamos nossas cartas.

Para uma pessoa boa, perder todo o seu patrimônio é o mesmo que perder um centavo, e adoecer não é pior do que levar um tropeção, é isso que o estoico pioneiro Crisipo supostamente dizia. Sêneca expressou eloquentemente algo semelhante: "A vida não é boa nem má; é o espaço tanto para o bem quanto para o mal". A vida e todas as suas várias situações podem ser encaradas com sabedoria ou tolice, são nossas ações que as tornam boas ou más. Isso é importante. Embora as coisas externas sejam indiferentes, a maneira como lidamos com elas não é. É exatamente a maneira de lidar com as coisas indiferentes que torna uma vida feliz ou uma bela porcaria.

3. Assuma a responsabilidade: o que é bom está em você mesmo

> "Se quiser algo de bom, deve captar de si mesmo." **Epiteto**

O terceiro vértice do Triângulo da Felicidade Estoica é construído sobre os outros dois; são eles que tornam este possível. O primeiro princípio nos recomenda viver com *areté*, ou manifestar nosso eu superior, o bem maior, enquanto o segundo nos diz que as circunstâncias externas não são importantes para uma vida boa, pois estão fora do nosso controle. Isso significa que *somente* viver com *areté* é suficiente para uma vida boa e, como está sob nosso controle, faz de nós *responsáveis* pela nossa prosperidade.

Este é "o aspecto mais difícil e mais atraente do estoicismo", conforme colocado por Donald Robertson, porque tal responsabilidade nos priva de quaisquer pretextos para não alcançar a vida feliz e fluida a que todos aspiramos. Somos os únicos responsáveis por impedir o cultivo de um comportamento virtuoso, somos os únicos responsáveis por impedir que tenhamos uma vida boa.

> Viver com *areté* está sob nosso controle
> + coisas fora de nosso controle não são relevantes para a vida feliz
> = viver com *areté* está sob nosso controle e é o suficiente para uma vida feliz.
>
> O resultado é que somos responsáveis pela felicidade em nossas vidas.

Vamos desenvolver esse raciocínio um pouco mais. Nosso objetivo é a *eudaimonia* — uma vida feliz e fluida. Para atingir esse objetivo, os estoicos definiram outra meta: *viver com* areté *ou viver de acordo com a natureza*. A natureza humana tende a fazer uso da razão sobre nossas intenções e ações. Sendo assim, o objetivo de viver com *areté* é fazer uso da razão em nossos atos e sempre tentar expressar nossa melhor versão de nós mesmos.

Para usar uma linguagem moderna, são as *metas de processo*. Os estoicos não se concentravam no resultado *futuro* (uma vida feliz), mas no processo do *presente* (viver com *areté*), que em última análise deveria levar ao resultado desejado. Esse foco no processo é o que nos torna, como aspirantes a estoicos, fundamentalmente responsáveis pela nossa própria prosperidade, pois estamos no controle desse processo. Embora o resultado possa ser impedido por acontecimentos externos, o processo e nossas intenções são concluídos no momento presente e não podem ser impedidos por nada que esteja fora do nosso controle.

Tal como afirma Sêneca: "O indivíduo sábio vislumbra o propósito de todas as ações, e não suas respectivas consequências; temos poder sobre os inícios, mas o Destino julga o resultado, e eu não permito a ele um veredicto sobre mim".

O estoicismo ensina que somos um tanto responsáveis por nossa própria felicidade, bem como por nossa infelicidade. Também ensina que assumir essa responsabilidade aumentará nossas chances de atingir a *eudaimonia*. Por outro lado, a *mentalidade de vítima* — culpar as circunstâncias externas por nossa infelicidade — tornará a vida feliz uma meta impossível de ser alcançada.

Devemos nos recusar a permitir que as mãos de cartas que recebemos decidam sobre nosso bem-estar. Os estoicos dizem que acontecimentos externos e outras pessoas até podem ter o poder de afetar como e até mesmo se vivemos, mas não têm o poder de estragar nossas vidas. Somente você mesmo pode estragar sua vida ao se deixar abalar por coisas que não controla, e por deixar de agir da melhor forma possível diante dos acontecimentos.

Devemos nos assegurar de que nossa felicidade dependa o mínimo possível das circunstâncias externas. A conexão entre o que acontece conosco e o quanto somos felizes deve ser frouxa. Isso é possível se nos concentrarmos naquilo que controlamos e tentarmos fazer o melhor das circunstâncias que nos são oferecidas. E também se nos concentrarmos em querer apenas o que está ao nosso alcance, porque, conforme já aprendemos, desejar o que *não* podemos ter é a causa raiz do sofrimento emocional.

"É impossível compatibilizar a felicidade e um anseio pelo que não está presente. Pois a verdadeira felicidade implica na posse de tudo o que é desejado, como no caso da saciedade com o alimento; não deve haver sede, nem fome." O que Epiteto descreve aqui é exatamente o que chamamos hoje de *felicidade condicional* — associar a felicidade a algum evento futuro. Serei feliz *depois* das minhas provas escolares. Serei feliz *quando* conseguir aquele novo Porsche 911. Serei feliz *quando* finalmente ganhar um salário de seis dígitos. É como o horizonte — você pode caminhar por quilômetros e quilômetros, mas jamais se aproxima dele. Ou continuamos a ansiar por coisas que não temos, ou nos damos uma chance à felicidade. Não podemos ter os dois. A verdadeira felicidade é quando você tem *tudo* o que deseja.

"Elementos externos não estão em meu poder; a vontade está em meu poder. Onde devo procurar o bom e o mau? Dentro, nas coisas que são minhas. Mas naquilo que não pertence a você, não intitule nada como bom ou ruim." Epiteto nos lembra aqui de buscar o bem dentro de nós. Ele frequentemente adota a mensagem básica: "Se quiser algo de bom, deve captar de si mesmo". Devemos buscar a felicidade dentro de nós mesmos, não nas coisas externas; elas não estão em nosso poder, elas não são nem boas nem ruins, e sim indiferentes.

A natureza nos equipou com as ferramentas necessárias para criarmos uma vida satisfatória e feliz, não importam as adversidades que enfrentemos. Portanto, se quisermos obter contentamento, devemos mudar a nós mesmos e aos nossos desejos. Não temos como modificar as coisas que acontecem no mundo que nos cerca, só podemos mudar a maneira como olhamos para essas coisas, e o que *escolhemos* fazer delas.

Modificar acontecimentos externos é impossível.

É possível mudar sua visão sobre esses acontecimentos.

Então por que não tentar mudar o que é possível?

A liberdade de escolha

"Existem três coisas na sua composição: corpo, respiração e mente", lembra Marco Aurélio a si. "As duas primeiras são suas no sentido de que você deve cuidar delas, mas somente a terceira é sua no sentido estrito." Apenas a mente é verdadeiramente sua. Apenas a mente está dentro da esfera de controle estoica. Todo o restante não está, ou está apenas parcialmente, sob o nosso controle.

Conforme discutido anteriormente, nossas ações estão ao nosso alcance, mas não seus resultados. Felizmente, diz Epiteto, "a mais excelente e superior das aptidões" — nossa capacidade de usar a razão — também está ao nosso alcance, de modo que possamos fazer "o uso correto das aparências das coisas". Mesmo que recebamos "apenas" o controle sobre nossa mente, isto nos deixa com boa quantidade de poder — a capacidade de decidir o que acontecimentos externos significam para nós. O *discernimento*, então, torna-se o cerne de nosso ser como criaturas racionais e a fonte da nossa liberdade.

Não controlamos o que acontece no mundo que nos cerca, mas temos o poder de controlar nossas opiniões sobre tais acontecimentos. "Não podemos escolher nossas circunstâncias externas, mas sempre podemos escolher como reagir a elas", como nos diz Epiteto. Devemos perceber os acontecimentos externos como neutros, e apenas como escolhemos reagir a eles é o que os torna bons ou ruins.

Ou somos vítimas de nossas circunstâncias e somos sacaneados como nossa boneca vodu, ou optamos por nos assumirmos responsáveis pela forma como lidamos com as circunstâncias, certificando-nos de que não nos deixaremos abalar. Ser uma vítima indefesa nunca ajuda. Por outro lado, assumir a responsabilidade nos dá o poder de fazer o melhor possível com as circunstâncias que nos são dadas.

Todo acontecimento externo, então, oferece uma área que está sob nosso controle, ou seja, o que fazemos a partir do dito acontecimento. Essa é uma boa e justa quantidade de controle, decorrente da nossa capacidade de discernir os eventos tal como escolhemos fazer. Ser capaz de *escolher* significa que temos escolha, e ter escolha significa liberdade. Chamemos isso então de *liberdade de escolha*, inspirados por Viktor Frankl, que diz em seu livro *A Man's Search for Meaning* [A busca do homem por propósito]: "Tudo pode ser tirado do ser humano, exceto uma coisa, a última das liberdades humanas: a escolha da postura que ele adotará em qualquer determinado conjunto de circunstâncias."

$$\text{Estímulo} \xrightarrow{\dfrac{\text{Automático/Inconsciente}}{\text{Liberdade de Escolha}}} \text{Resposta}$$

Algo acontece (estímulo), nós reagimos (resposta). Muitas vezes, essa resposta acontece automática e inconscientemente, sem que pensemos a respeito. Podemos facilmente observar esse comportamento em outras pessoas — algo acontece e elas reagem impulsivamente. Em crianças, isso é ainda mais distinto. Digamos que um menino esteja brincando com seu brontossauro Bronty, e aí você tira o brinquedo das mãos dele. O que acontece? Há grandes chances de o menino abrir um berreiro imediatamente. O menino não pensa em sua reação, ela vem de maneira automática. Talvez ele fique olhando para você incredulamente antes de começar a *gargalhar*. Quem sabe? Enfim, o menino e outras crianças muito novinhas não têm o poder de escolher uma resposta. Mas para mim e para você, é diferente. Potencialmente, há uma pequena lacuna entre o estímulo e a resposta. O poder se encontra nessa lacuna. A liberdade de escolha reside nessa lacuna.

A lacuna significa que temos a chance de nos colocarmos entre o estímulo e a resposta e de escolher nossa reação (ou *não* reação) voluntária. A lacuna é apenas uma lacuna *em potencial* porque, se não estivermos cientes o bastante, não haverá lacuna, e aí, sem pensar, nos renderemos à resposta padrão (ou resposta automática). Consciência, atenção plena ou *attention*, como os estoicos chamam, são necessárias para que você seja capaz de se colocar entre o estímulo e a resposta. Dependendo da sua consciência, a lacuna pode ficar maior ou menor, ou até mesmo se tornar inexistente.

A questão é que quando algo acontece a você — você quebra um copo, pisa no cocô de cachorro ou um desconhecido na rua mostra o dedo do meio —, você pode entrar na lacuna antes de reagir automaticamente. Assim que estiver na lacuna, você pode pensar nas suas opções e, em seguida, *escolher* a melhor reação. A maioria das pessoas optará reativamente pela resposta padrão, e só mais tarde (ou nunca) vai perceber o quanto sua reação foi inadequada.

Quando você pisa no cocô de cachorro, é plausível que haja alguma reação automática. Algo dentro de você conclui que a situação de fato é uma merda; o que se segue são sentimentos de raiva, incômodo e pânico, acompanhados de palavrões e movimentos corporais bruscos. Agora, isso é algo que nem parece tão ruim assim, mas você não deixa de ficar abalado por um acontecimento externo que não pode mais mudar. Você permite que uma circunstância externa determine como você se sente. Se geralmente seguirmos nossas reações padrão, estaremos sempre dependentes do que acontece ao nosso redor; pisar em cocô de cachorro nos chateia, pisar em uma nota de dez nos alegra. Estamos à mercê da situação, se nossa reação padrão à situação é positiva, então *viva!*, caso contrário, então é *ahhhh*. É como jogar nossa boneca vodu na rua para ser sacaneada de novo. Felizmente, não precisa ser assim.

Os estoicos argumentam que você pode interferir entre o que acontece (cocô de cachorro) e sua reação ao fato (raiva e uns palavrões com P). A ideia é escolher sua melhor resposta virtuosa em vez de se render à resposta padrão. Para fazê-lo, em primeiro lugar, você precisa ser capaz de *localizar* sua impressão automática (é bem ruim isso). Se você quiser entrar na lacuna e escolher sua resposta, precisa de consciência para localizar a primeira impressão que surge na forma de pensamentos e/ou emoções. Depois de verificar essa primeira impressão, você pode recuar e questionar se essa impressão é boa ou não. Você pode fitar essa impressão como uma mera hipótese em debate antes de examiná-la racionalmente.

Basicamente, você *retém* a aprovação dessa impressão e evita comportamentos precipitados, impulsivos e automáticos. Isso é imensamente eficaz e permite que você pense antes de (re)agir. Assim, você ganha o poder de escolher a melhor reação possível, e o que acontece ao redor já não importa mais. É uma postura que lhe dá a chave para seu comportamento ideal, pois você pode escolher agir de modo sábio, sereno e misericordioso — sorrir, limpar o cocô do sapato e seguir a vida.

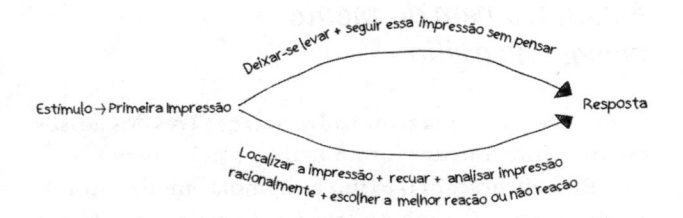

```
                  Deixar-se levar + seguir essa impressão sem pensar
Estímulo → Primeira Impressão                                           Resposta
                  Localizar a impressão + recuar + analisar impressão
                  racionalmente + escolher a melhor reação ou não reação
```

A liberdade de escolha, ou como os estoicos a chamam, a *escolha fundamentada*, envolve escolher ativamente nossa resposta ao estímulo, em vez de se render reativamente à resposta padrão. Para poder fazer isso, precisamos trazer consciência à situação, para que assim possamos localizar nossa primeira impressão e evitar sermos levados por ela e responder de forma reativa. A resposta reativa seria um comportamento não virtuoso e pode levar a outras emoções prejudiciais, como raiva, medo ou desejo. Em vez disso, se formos capazes de recuar da impressão inicial, poderemos avaliá-la racionalmente, analisar outras respostas possíveis e, em seguida, escolher a melhor reação ou não reação (às vezes, o melhor mesmo é não reagir de forma alguma). Desse modo, respondemos da maneira como escolhemos, de acordo com a virtude, espera-se.

A riqueza vem da mente, mesmo no exílio

Como os estoicos reagiam à adversidade? Três dos nossos quatro protagonistas foram exilados pelo menos uma vez. Eles encararam o exílio à exemplar moda estoica. Sêneca disse: "É a mente que nos torna ricos; isto vai conosco ao exílio". Musônio Rufo, que foi exilado no pior de todos os lugares, Gyaros, disse que o exílio o privou de seu país, mas não de sua capacidade de tolerar o exílio. Ele até mesmo disse que o exílio não é capaz de privar uma pessoa de nada de valor — a virtude não pode ser tirada. O exílio não impede ninguém de ser corajoso e justo. Devemos ter em mente que a felicidade depende mais do que fazemos com o que nos acontece do que do acontecimento propriamente dito. Não importa o que aconteça com você, sua mente está sempre disponível para transformar o evento em boa fortuna por meio da resposta com virtude.

O Sábio estoico, e aparentemente os principais filósofos, são absolutamente livres, mesmo no exílio. Pois a liberdade deles consiste em poder seguir sua natureza racional, que é focar no que pode ser controlado, lidar com o restante conforme for acontecendo e responder com virtude. Todo obstáculo se transforma numa oportunidade para se praticar a sabedoria, a coragem, a justeza e a autodisciplina. O estoico ideal apenas deseja responder ao que quer que aconteça mantendo a comunhão com a razão e com seu eu superior, e nada pode impedi-lo de fazer isso. Ele só deseja o que está dentro de seus domínios e, portanto, permanece "livre" mesmo no exílio ou na prisão.

O estoicismo desafia você a mudar a si mesmo sempre que não houver jeito de modificar a situação. Mesmo que você não possa alterar as circunstâncias, você tem o poder de mudar sua postura em relação a elas e responder com virtude. Não importa onde você esteja (prisão ou palácio), e não importa o desafio que esteja enfrentando (cocô de cachorro ou nota de dez), sua liberdade de escolha estará sempre disponível para você; você só precisa localizar sua primeira impressão, evitar fazer uma grande cagada, e em vez disso recuar, avaliar a situação e escolher sua resposta mais sábia. Os acontecimentos externos não são importantes, e sim o que você escolhe fazer com eles.

Devemos reconhecer que é nossa *responda*bilidade escolher *responder* às situações. Viktor Frankl, a lenda que criou a expressão *liberdade de escolha*, enfrentou as experiências mais brutais já imagináveis. Ele perdeu a família inteira e quase não sobreviveu aos horrores dos campos de concentração nazistas da Segunda Guerra Mundial. Apesar disso, ele ainda foi capaz de escolher sua postura e optou por não ceder a tanta tragédia. Claro, todos nós já passamos por muitas coisas ruins, mas certamente não tão bárbaras quanto perder a família toda e se ver aprisionado em um campo de concentração. A questão é que se Frankl foi capaz de escolher sua resposta em meio a um terror indescritível, então deveríamos ser capazes de escolher nossas respostas também. (Por falar em Viktor Frankl, se ainda não o fez, certifique-se de ler o livro dele *A Man's Search for Meaning*.)

Atenção: Embora os filósofos estoicos digam que podemos interferir entre o estímulo e a resposta, eles admitem que existem reações automáticas que não conseguimos controlar. São reações emocionais semelhantes a reflexos, tais como ruborizar, suar, retesar o corpo, derramar lágrimas ou se sobressaltar. Não temos escolha senão aceitar essas reações físicas ligeiras. Um barulho repentino pode lhe dar um susto antes mesmo de você ter a chance de falar qualquer coisa. No entanto, se trouxermos consciência suficiente à situação, podemos identificar nossa impressão, recuar e evitar sermos levados por ela. Mesmo que você não controle essas reações reflexivas imediatas, você tem o poder de controlar o que vem a seguir: siga em frente com a impressão ou recue, avalie a situação e escolha uma resposta consistente com seus valores.

Incomodado ou invencível: só depende de você

"As pessoas não são perturbadas pelas coisas que acontecem, mas pelas suas opiniões sobre tais coisas" As palavras de Epiteto são uma lição importante do que acabamos de aprender: ocorrências externas não estão em nosso poder, mas oferecem uma área que podemos controlar; temos o poder de escolher o que tais circunstâncias significam para nós, e são nossas escolhas que importam, não os acontecimentos em si. Eventos externos basicamente não carregam significado algum, o que faz diferença é como os percebemos, é nossa capacidade de discernimento que lhes confere significado e os fazem parecer bons ou ruins.

(A propósito, isso está longe de ser fácil de perceber, já que as pessoas respondem impulsivamente e, portanto, sem pensar aos acontecimentos, afinal de contas, parece óbvio para elas que é aquele acontecimento o causador da sua infelicidade. Assim que elas ficam melhores em recuar de suas impressões iniciais, elas verão que o que as perturba é o seu próprio discernimento sobre a situação.)

A primeira lição, então, é nunca culpar terceiros ou acontecimentos externos por quaisquer emoções negativas que estejamos sentindo. Assuma a responsabilidade. Para os estoicos, está óbvio que não são os acontecimentos, e sim nossas opiniões sobre esses acontecimentos, a causa do incômodo mental. Isso pode se manifestar na forma de sofrimento e infelicidade, e vem à tona quando acreditamos nas histórias que contamos a nós mesmos. Uma impressão vem na forma de pensamento, e nós a aceitamos como a verdade. "Estou no exílio, isso é terrível." A situação em si (o exílio) *não* nos torna infelizes, pode até causar uma dor natural em determinadas situações, mas é a narrativa em torno da situação (isso é terrível) que causa o problema. Seus julgamentos na forma de pensamentos, opiniões e interpretações o deixam infeliz. O bem ou o mal só podem ser encontrados em seus julgamentos e ações, não nos acontecimentos externos.

O incômodo vem do ato de julgar um acontecimento como indesejável ou ruim, muitas vezes na forma de reclamação. Damos valor a um acontecimento julgando-o terrível, por exemplo, e esquecemos que o acontecimento em si não é bom nem ruim; é vazio e carente de significado. Nós que damos significado ao classificá-lo, ressentindo-nos e desejando que seja diferente. Isso traz sofrimento emocional. Se você pudesse deixar como está, se você fosse capaz de *não* julgar um acontecimento como bom ou ruim, e sim aceitá-lo *como é* (neutro, indiferente), então você não estaria mentalmente incomodado. Você é livre do sofrimento, diz Epiteto, se não se importar com as coisas que não estão em seu poder.

- Droga, sou tão desastrado. *versus* O copo quebrou.
- Este é o pior dia da minha vida! *versus* Tem cocô de cachorro na sola do meu sapato. Tá fedendo.
- Argh, que idiota! Eu odeio aquele cara. *versus* Ele mandou o dedo do meio para mim.

Os acontecimentos em si não têm significado. São nossos julgamentos que os tornam bons ou ruins. Gosto dos versos na música "First Time", da cantora Ellie Goulding que dizem o seguinte: "O dedo do meio foi nosso sinal de paz". Quando você pensa desse jeito, a frase "Argh, que idiota!" pode facilmente se transformar num sorriso e virar "Ahhhh, que fofo!" O mesmo evento pode ser interpretado de muitas maneiras e despertar sentimentos totalmente opostos.

Olha, eu sei que você não é estúpido e sei muito bem o que a outra pessoa está tentando lhe dizer; a questão é que não importa o que ela esteja tentando lhe dizer, o que importa é o que você faz com isso. Então, mesmo que pareça (ou esteja óbvio) que alguém esteja tentando insultá-lo, é o seu *julgamento* que estimula a provocação na sua cabeça. Você não tem como ser ferido, a menos que permita isso, pois a outra pessoa não tem acesso à sua mente. "De outro modo", diz Marco Aurélio, "a maldade do meu vizinho seria meu próprio mal: e isso não era intenção de um deus, deixar meu infortúnio nas mãos do outro." Só você mesmo tem acesso à sua mente, e só você pode estragar sua vida. Você é o responsável.

Uma pessoa não é capaz de frustrar *você*, cocô de cachorro não tem a capacidade de deixar *você* deprimido — esses são acontecimentos externos que não podem penetrar sua mente. Essas emoções que você sente, por mais genuínas que sejam, não vêm de fora, mas de dentro. *Você* gera essas emoções, *você* gera sua dor. Um copo quebrado é um copo quebrado. É o seu julgamento ("Droga, sou tão desastrado") que faz você se sentir um fracassado. Não culpe o acontecimento, culpe seu eu reativo por fazer você se sentir assim. A causa está no seu julgamento. "Dê fim ao julgamento", diz Marco Aurélio, "e a dor propriamente dita também terá seu fim." Não julgue o acontecimento e você não será prejudicado. Sua *reação*, então, basicamente determina se você foi prejudicado ou não. Quando você quebra um copo, você tem duas opções: se machucar ou não se machucar.

"Droga, sou tão desastrado" + começar a chorar e se sentir um lixo = reação intensa, sair machucado.

"Opa" + limpar os cacos e seguir a vida = sem reação, sem se machucar.

Isso lhe dá uma boa dose de poder, pois significa que você não tem como se chatear com nada que foge do seu controle. Apenas seu julgamento pode prejudicá-lo. Não importa quais desafios incontroláveis você enfrente na vida, você tem o poder de decidir o que eles significam para você, somente você tem a liberdade de escolher sua melhor reação, e esta será ou será fonte de alegria ou de dor.

É por isso que Epiteto aconselha sempre ter duas regras em mente: (1) não existe nada bom ou ruim, a menos que escolhamos torná-los assim, e (2) não devemos tentar liderar eventos, mas segui-los. Resistir é fútil, aceite as coisas tal como se apresentam e faça o melhor com o que está ao seu alcance.

04

CAPÍTULO 4

O GRANDE VILÃO
seja responsável

> "Uma vez que somos levados [pela ira], é difícil voltar a uma condição saudável, pois a razão não vale nada depois que a paixão se embrenha na mente... O inimigo deve ser enfrentado e rechaçado até a última fronteira: pois uma vez que ele penetrar na cidade e passar pelos portões, não permitirá que seus prisioneiros estabeleçam limites para sua vitória." **Sêneca**

A felicidade parece bastante factível, certo? Para os estoicos, consiste apenas no modo como respondemos aos eventos, e no que fazemos deles. Alinhar nossas ações à virtude é suficiente (mas também necessário) para uma vida feliz e fluida. E aí o que acontece? Por que todos nós não chegamos lá com um estalar de dedos?

Porque a vida atrapalha. A realidade se ergue diante de nós; nos pega de surpresa, parece avassaladora, causa medo, insegurança, raiva e tristeza, e faz a gente querer fugir e se esconder. As coisas são mais difíceis do que a gente imaginava, e acontecem de um jeito diferente do esperado e desejado, e aí ficamos lutando para lidar com elas de forma eficaz, ou mesmo para aceitá-las, para começo de conversa. Mas calma! O estoicismo ensina que os acontecimentos externos *não* importam e que qualquer coisa boa deve ser captada a partir de nós mesmos. Só *parece* que a vida atrapalha; na realidade, são nossas emoções negativas que atrapalham. Essas emoções intensas dominam nossa mente, na verdade, todo o nosso ser, tornando impossível pensar com clareza, e nos impelem a fazer o oposto daquilo que pensamos ser o certo.

Uma vez que nossa mente é capturada pelas emoções negativas, ou pelas *paixões*, como os estoicos chamam, tais como medo irracional, tristeza, raiva ou cobiça, essas paixões assumem o controle e reagimos impulsivamente, ficamos incapazes de raciocinar. Como Sêneca diz nas primeiras linhas deste capítulo, uma vez que o inimigo penetra nossa mente, a razão se esvai. É um ou outro, razão ou paixão; quando a paixão está no volante, a razão está amarrada e amordaçada no porta-malas.

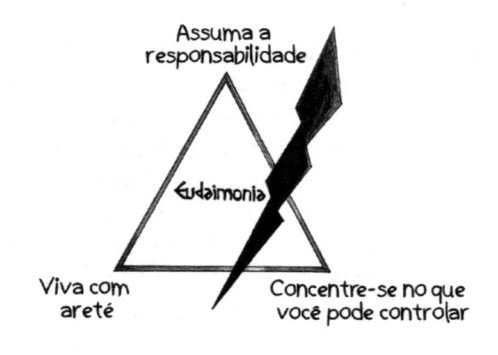

As emoções negativas soam naturalmente *ruins*; pense no luto, no medo, no ciúme ou na avidez intensa. Então, quando a emoção está no banco do motorista e algo dentro de nós evoca uma sensação ruim, a prioridade (inconscientemente) passa a ser criar subterfúgios para nos sentirmos *melhor*, e automaticamente buscamos o alívio da dor que sentimos. A emoção negativa nos manda fazer aquilo que nos faz sentir melhor e a aliviar a dor do presente, independentemente dos nossos valores e objetivos a longo prazo. Acabamos então deixando de lado nossos valores mais arraigados e, em vez disso, saímos com a pecha de covardes, pedimos pizza e *tiramissu*, assistimos a horas de filmes da Marvel, quebramos portas e copos, gritamos com nossos amigos e filhos e compramos aqueles saltos pretos totalmente desnecessários.

As emoções negativas podem assumir inúmeras formas. Elas podem nos engolir completamente como uma fúria intensa que cria uma repentina visão de túnel que simplesmente nos incita a agir — bum! —, e já foi. Também podem ser emoções menos turbulentas, como o luto opressivo, que pode nos transbordar de autocomiseração, pensamentos depressivos e inação completa. Ou podem ser muito sutis, como "simplesmente não estou a fim", o que pode surgir de diferentes emoções e nos estimular a simplesmente *não* fazermos o que sabemos que *deveríamos* fazer (já ouviu falar em procrastinação?).

Por exemplo, quando eu era adolescente, um amigo meu levou uma surra de um cara da escola. Outros moleques e eu ficamos só assistindo à cena, e eu sabia que o certo seria ajudar, mas tinha algo dentro de mim que me segurava; eu não consegui ajudar, estava com medo. A emoção venceu. Ou em todas as vezes que vi uma garota linda em um bar e tive vontade de dar um oi, mas ao mesmo tempo não quis fazer isso. Era medo. A emoção venceu na maioria das vezes. É claro que eu sempre tinha ótimos pretextos; ela não era *tão* bonita assim, eu simplesmente não estava a fim, eu só estava lá para me divertir com meus amigos, e por aí vai.

Na verdade, não importa quais emoções atrapalham — para mim, obviamente é medo na maioria dos casos (estou me esforçando para resolver isso), mas para você pode ser raiva, ganância, ressentimento ou orgulho, tanto faz. O problema com essas emoções não é o fato de elas existirem, mas de nos dominarem de modo que terminemos fazendo o oposto do que deveríamos fazer. E conforme já aprendemos, nossas ações racionais estão na raiz da nossa felicidade, portanto, não podemos ter uma vida feliz quando permitimos que fortes distúrbios emocionais ditem nossas ações. Os estoicos acreditavam que tais paixões são tóxicas para uma vida boa, e causam sofrimento para muitas pessoas. A maioria de nós é escravizada por essas emoções; com frequência agimos de acordo com nossas emoções em vez de nossos valores.

Sendo assim, os estoicos querem que superemos esses medos e desejos irracionais, para que assim sejamos capazes de agir de acordo com a virtude e alcançar a verdadeira felicidade. Além disso, muitas vezes, essas emoções vão de encontro à nossa natureza racional, pois ignoram o que é realmente bom. Quando tenho medo de dizer oi para alguma garota, esse medo e minha inação vão completamente de encontro à minha virtude — é insensato e irracional temer algo que não é perigoso, mas me faltar autodisciplina por eu não superar essa resistência interna, é simplesmente covarde. É essencial superar essas emoções negativas se quisermos exercer o estoicismo. É por isso que uma parte fundamental da filosofia estoica é prevenir as primeiras investidas de emoções negativas e estar preparado para lidar com elas de forma eficaz, e não se deixar sobrecarregar caso elas surjam mesmo assim (e vão surgir).

Então qual é o segredo? Não existe um segredo (desculpe!). No entanto, existem práticas específicas que podem ajudar você a se preparar para situações desafiadoras. (Essas práticas serão abordadas na segunda parte deste livro.) Depois de uma breve observação, analisaremos as duas principais razões pelas quais as emoções negativas costumam levar a melhor sobre a gente. No momento em que formos capazes de minimizar essas duas razões, aí seremos menos atingidos pelas emoções negativas, e consequentemente ganharemos mais habilidade para lidar com elas.

Atenção: Nosso cérebro humano foi projetado para sobreviver, não para prosperar. Os principais objetivos dos nossos ancestrais eram sobreviver e se reproduzir. Comida e água eram escassas. E havia muitos perigos à solta, então eles estavam constantemente atentos a animais perigosos e clãs rivais. É por isso que nossos cérebros desenvolveram um *viés de negatividade* — se eles fossem pegos de surpresa por um lobo, já era. Por outro lado, se perdessem uma oportunidade de conseguir comida, ainda teriam outra chance. Sendo assim, era mais importante focar no negativo do que no positivo.

E hoje nossos cérebros continuam a mesma coisa — verificando constantemente se o que ocorre ao redor é perigoso. Por causa da nossa evolução, enxergamos obstáculos com muito mais destreza do que enxergamos as oportunidades. É da nossa natureza nos preocuparmos com saúde, riqueza e status social. Parece que precisamos disso para sobreviver. Portanto, nós automaticamente nos comparamos aos outros, nos concentramos nos possíveis perigos e perseguimos mais e mais coisas.

Então, não se preocupe se você achar que está sempre sendo negativo, isso é normal. Isso é apenas a atuação do viés de negatividade que está embutido no nosso cérebro. No entanto, isso também é altamente contraproducente no mundo moderno, afinal de contas, muitos de nós estamos bem seguros e com fartura de comida — por conseguinte, a sobrevivência pode ser riscada da nossa listinha. Você não vai ser atacado por nenhum bicho à noite e nenhum clã rival vai incendiar sua cabana. A questão é que essas emoções negativas atrapalham, e devemos tentar minimizá-las, bem como os efeitos que elas têm sobre nossas vidas. Analisemos agora as duas principais razões pelas quais somos dominados por emoções negativas.

Queremos o que está além do nosso controle

"A paixão é desencadeada senão por uma frustração dos desejos do indivíduo." Epiteto afirmava que as emoções negativas surgem quando não conseguimos o que queremos. Essa decepção "é fonte de tristeza, lamentação e inveja; isso nos torna invejosos e competitivos, e incapazes de ouvir a razão".

Basicamente, as emoções negativas vêm de querer e temer o que não está sob nosso controle. Conforme já vimos, a causa raiz do nosso sofrimento se origina na nossa preocupação com coisas que fogem da nossa alçada. Esses são julgamentos de valor falhos; atribuímos valor a uma coisa externa *indiferente* como boa ou má. Por exemplo, julgar erroneamente as coisas materiais como *boas* ou desejáveis é a causa dos anseios por riqueza e prazer. Esse desejo intenso é uma emoção negativa que assume o volante e nos leva a fazer qualquer coisa capaz de satisfazer o desejo daquele momento, independentemente de nossos valores. E porque somos incapazes de ouvir a razão, lembre-se, a razão termina amarrada e amordaçada no porta-malas.

Julgamentos de valor falhos também funcionam de maneira reversa. Nós costumamos julgar equivocadamente algum acontecimento externo indiferente, tipo a chuva, pessoas irritantes ou pobreza, assumindo-o como algo *ruim* ou mesmo terrível, e esse julgamento enganoso causa raiva ou medo. Portanto, é o julgamento torto sobre um acontecimento que causa as emoções negativas, e essas emoções, mais uma vez, são um obstáculo para uma vida feliz porque nos levam a agir impulsivamente em vez de racionalmente.

Donald Robertson diz isso com destreza em seu livro *Stoicism and the Art of Happiness* [O estoicismo e a arte da felicidade]: "A maioria das pessoas comuns carece de sentimento de realização e paz de espírito porque seus valores são confusos e internamente conflitantes. Desperdiçamos nossas vidas perseguindo uma ilusão de Felicidade baseada numa mistura de hedonismo, materialismo e vaidade — valores loucos e autodestrutivos absorvidos do mundo tolo que nos cerca."

Desejamos e tememos coisas externas que estão além do nosso controle direto; e ingenuamente julgamos coisas indiferentes, tais como saúde, riqueza e reputação, como coisas boas, e até mesmo necessárias, para alcançarmos uma vida feliz; e também julgamos doenças, pobreza e chacotas como coisas ruins e entraves para uma vida feliz. Esses desejos e temores em relação às coisas externas são um sinal de alerta que diz: "Você se esqueceu do básico! Volte e se imbua das crenças fundamentais." Em outras palavras, ainda não naturalizamos os princípios estoicos básicos de que a virtude é o único bem verdadeiro, e que o que não está sob nosso controle, no fim das contas, é indiferente, e que somos os únicos responsáveis pela nossa prosperidade. Enquanto acharmos que as coisas acontecem a nosso favor ou contra nós, que aquele cocô de cachorro estraga nosso dia, e que uma bonificação pode tornar nosso dia feliz, enquanto tivermos medo de não conseguir o que queremos e ficarmos mal quando não conseguirmos — seremos apenas uma marionete de nossas emoções, as quais são estimuladas por julgamentos equivocados sobre o que é realmente bom e ruim.

"Você é tolo", diz Epiteto, "[se] deseja que as coisas que não estão além do seu poder estejam em seu poder, e que os bens de outrem sejam seus." Se soubéssemos separar cuidadosamente as coisas que dependem de nós daquelas que não dependem, e focar apenas nas que dependem, deixando que o restante aconteça naturalmente, então seríamos muito menos abalados pelas emoções negativas causadas por julgamentos falhos.

No entanto, mesmo que resolvamos fazer exatamente isso, tem mais uma coisa que costuma atrapalhar: a inconsciência. Não ficamos atentos o suficiente nas situações, e nos esquecemos de nos concentrar naquilo que podemos controlar; em vez disso, nos deixamos levar pelas nossas impressões iniciais e só mais tarde perceberemos que julgamos o acontecimento equivocadamente. A falta de consciência é a segunda causa do surgimento de emoções negativas (que podem acabar por nos dominar).

Carecemos de consciência e somos levados pelas impressões

Você se lembra de que os estoicos queriam que prestássemos muita atenção a todas as nossas ações? Igual a quando prestamos atenção para não pisar nos cacos de vidro na areia? Bem, adivinhe o que acontece quando não prestamos tanta atenção assim nas situações desafiadoras? Deixamo-nos levar pelas primeiras impressões, ficando sem espaço para analisá-las. Essas primeiras impressões são como *tendências* a se agir de determinada maneira, mas quando estamos com uma boa dose de consciência, podemos intervir e escolher nossa melhor resposta, que certamente será diferente da primeira impressão.

Eis um exemplo ocorrido comigo numa pausa para ir ao banheiro. Levantei-me da cadeira e fui ao banheiro, quando então o pacote novo de papel higiênico sobre a caixa de descarga chamou minha atenção. Eu tinha comprado no dia anterior, na minha rotina de compras, afinal, o papel de casa estava para acabar. Assim que vi o pacote, minha mente imediatamente mandou: "Sim, você fez muito bem em comprar papel higiênico. Nils (meu irmão, que mora comigo) sequer percebeu que estava acabando. Ele nem agradeceu e coisa e tal." Sentimentos de leve raiva e incômodo começaram a surgir dentro de mim, mas aí minha mente se pôs a ponderar: "Bem, ele falou *obrigado* por eu ter feito compras. E ele faz muitas outras coisas aqui em casa e etc." Felizmente, tive a consciência de reconhecer o padrão de pensamento negativo, intervim e considerei aquilo uma clássica batalha mental do tipo *meu-ego-quer-biscoito*. Os sentimentos negativos desapareceram em um piscar de olhos.

O que aconteceu exatamente? A situação *papel higiênico novo* causou uma primeira impressão automática tipo *tal coisa é ruim*, com uma tendência a levar à raiva. Felizmente, tomei consciência, reconheci e consegui cancelar o sentimento imediatamente. Se tivesse sido uma situação mais desafiadora, então eu seria capaz de usar a razão, ou simplesmente a lógica fria e simples, e encará-la objetivamente. Eu teria dito a mim mesmo que fazer a coisa certa é o suficiente, que já é uma recompensa por si só, sem necessidade de validação de outra pessoa. Agora, se eu não tivesse me dado conta dessa impressão irracional, eu teria ficado com raiva e frustrado, e entrado no quarto do meu irmão pagando esporro. Ou, mais provavelmente, a impressão negativa teria me dominado, e eu teria ficado todo taciturno por um tempo, e ao mesmo tempo irracionalmente zangado com meu irmão.

É por isso que a inconsciência é tão perigosa: quando não estamos dotados de consciência, tornamo-nos incapazes de observar e reconhecer nossas primeiras impressões, e assim nos deixamos levar sem pensar. Como diz Epiteto: "Quando você deixa sua mente solta, não está mais em seu poder revogá-la, seja para propriedade, ou recato, ou moderação: e então você faz tudo o que vem à mente em obediência às suas inclinações". Isso é exatamente o que aprendemos antes — uma vez que a paixão assume as rédeas, passamos a obedecer como um cachorro que sente cheiro de linguiça. A razão pode gritar e assobiar a plenos pulmões, mas não conseguimos ouvi-la porque estamos completamente absorvidos pela linguiça da paixão.

Veja bem, alguém poderia contra-argumentar que o motivo de as emoções negativas assumirem o controle, mesmo nesse caso, é o julgamento falho, e não a inconsciência. As emoções emergem por causa do julgamento irracional de que meu irmão é um ingrato. No entanto, também pode-se alegar que muitos julgamentos equivocados acontecem porque não detemos consciência o suficiente, em primeiro lugar. Não estamos cientes de todos os nossos passos e acabamos pisando em cocô de cachorro. Ou minha mãe não está ciente da quantidade de café que já bebeu da sua xícara e acaba se perguntando: "Quem bebeu o meu café?" Claro, pode ser que ela valorize demais o seu café (isso é possível?), mas a razão por trás desse julgamento equivocado é sua inconsciência enquanto bebe — pelo menos na maioria dos casos (desculpe mãe, algumas vezes eu roubei um golinho ou dois).

O que quero dizer é que estar atento reduzirá os momentos em que somos dominados por emoções negativas. Isso é importante porque o domínio por emoções negativas é exatamente o que nos impede de tomar as atitudes corretas e ter uma vida boa. Lembre-se, para os estoicos, o único bem está em nossas ações voluntárias, e nossas ações só podem ser voluntárias quando estamos trazendo consciência para todos os momentos. Se não tivermos essa consciência, permitimos que sejamos levados pela maré e deixamos nossas ações se tornarem *infames* e *negligentes*, para usar as palavras de Epiteto. Somente trazendo a consciência para o momento, seremos capazes de enfrentar adequadamente o desafio de aceitar acontecimentos externos com serenidade, ao mesmo tempo que cultivamos sabedoria, justeza e autodisciplina em nossas reações. Com essa consciência, podemos tentar seguir o conselho de Epiteto de *tolerar* e *renunciar* nas situações cotidianas:

1. Deveríamos *tolerar* aquilo que tememos e do qual desgostamos irracionalmente com coragem e perseverança.
2. Deveríamos *renunciar* (ou nos abstermos de) àquilo pelo qual ansiamos irracionalmente por meio do critério e da autodisciplina.

Definitivamente necessitamos da consciência para detectar medos e desejos irracionais antes de sermos capazes de *tolerarmos* a presença deles com coragem e perseverança, ou de nos *abstermos deles* com critério e autodisciplina. A conscientização, no entanto, não será suficiente. Nem todo mundo consegue encarar os olhos do medo e mandar ver. Eu mesmo não consigo. Mesmo que eu esteja ciente o bastante para reconhecer meu medo, mesmo sabendo que esse medo é irracional e que o mais sábio a se fazer seria agir, apesar do medo, a emoção muitas vezes supera minha coragem. Outro exemplo é a batalha entre um desejo irracional e a autodisciplina. Depois de um longo dia de trabalho e perseverança nas minhas tarefas, fico com vontade de dar uma navegada na internet e ver as notícias. Estou bem ciente da batalha entre o desejo prazeroso e minha força de vontade flácida, e na maioria das vezes a força de vontade vence, mas às vezes eu cedo ao desejo.

A consciência pode não ser suficiente para sempre agirmos de acordo com nossos valores, mas certamente você ganha tempo e atrasa o desfecho, de modo que consiga ver a situação com nitidez e possa pelo menos tentar tomar a decisão racional. Isso vai facilitar para que você se controle, aja racionalmente e progrida em direção a uma vida feliz e fluida. E vai evitar que você muitas vezes se deixe levar por emoções irracionais, pisando no campo da loucura (e no cocô de cachorro) com menos frequência.

Passo a passo, você avança.

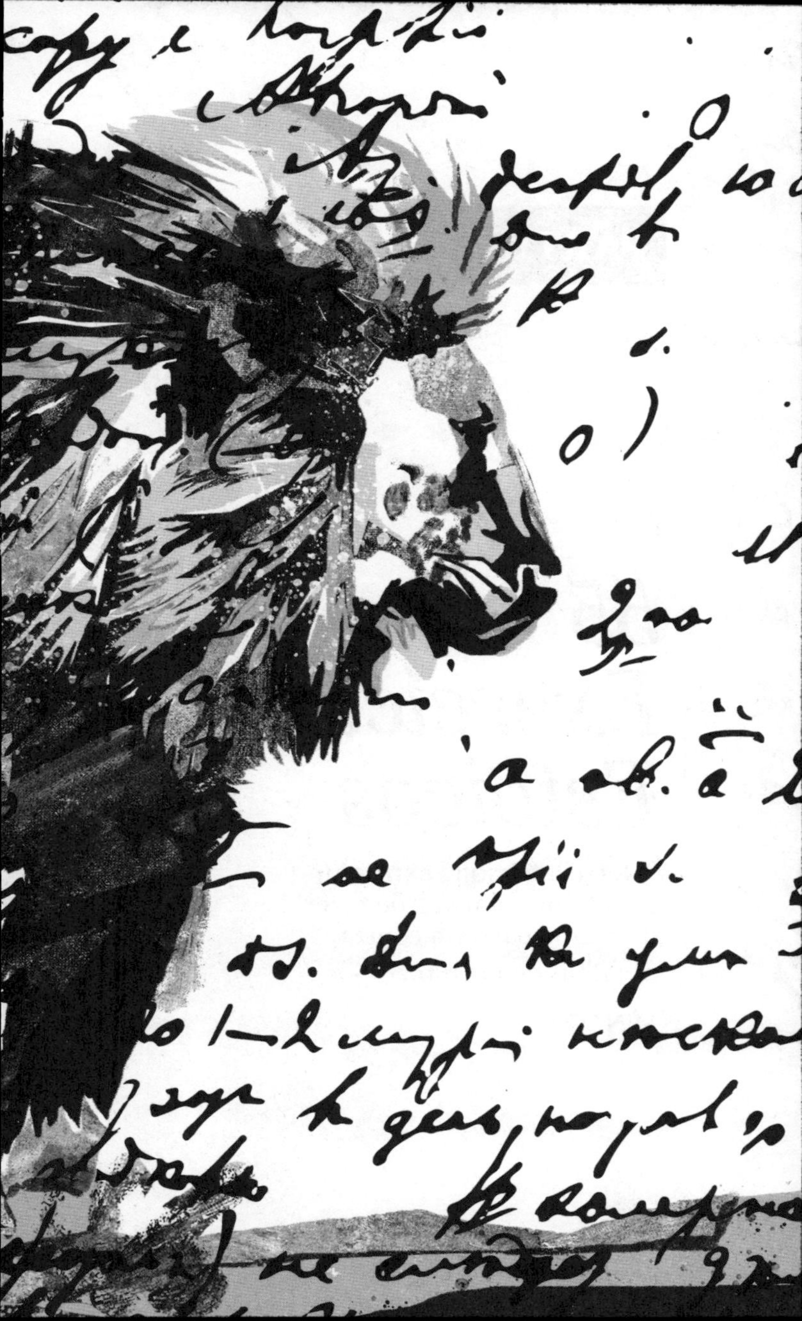

PARTE 2

55 Exercícios Estoicos

"Deixe a filosofia extinguir suas falhas, em vez de fazer dela uma barreira contra as falhas de outrem."

SÊNECA

ESTOICISMO NA PRÁTICA
seja proativo

> "Tal como as coisas são, somos loquazes e eloquentes em sala de aula, e se surge qualquer dúvida insignificante sobre um ponto de conduta, somos capazes de prosseguir com o assunto logicamente; mas coloque-nos à prova na prática, e nos revelaremos desastres trágicos." **Epiteto**

Parabéns! Você passou pela parte teórica. É hora de entrar no mar.

No entanto, tenha cuidado, só porque estamos tranquilos em sala de aula, não significa que estejamos prontos para o mundo real. Conhecer a teoria e colocá-la em prática são dois bichos totalmente diferentes. Você vai se molhar.

Ou, como diz Epiteto, *nos revelaremos desastres trágicos*. É por isso que devemos treinar. Ele diz que um carpinteiro se torna carpinteiro quando aprende determinadas coisas. E um timoneiro torna-se timoneiro quando aprende determinadas coisas. Sendo assim, está nítido que se quisermos nos tornar boas pessoas, devemos aprender determinadas coisas.

"Dê um passo à frente", estimula ele, "e use o que aprendeu. É a lógica resumida ao máximo necessário — nossos textos estoicos estão repletos disso. O que precisamos agora é de pessoas que coloquem em prática o que aprenderam, e que comprovem o que aprenderam em suas ações. Por favor, assuma esse personagem, estou farto de ensinar a evocar exemplos do passado, de ter de exibir um exemplo da minha época."

Seja o exemplo. Não se satisfaça com o mero aprendizado, mas se jogue na prática, prática, prática! Porque se o tempo passa, diz Epiteto, esquecemos o que aprendemos e acabamos fazendo o contrário, e aí sustentamos opiniões opostas àquelas que deveríamos.

Desculpe jogar essa verdade na sua cara, mas você não é um super herói. Você não vai simplesmente ouvir os princípios estoicos uma vez e ficar na expectativa de que vai se fiar neles quando a vida bater na sua cara. Você precisa treinar como um atleta profissional e entrar em campo todos os dias. Chegue mais cedo e saia mais tarde do que todo mundo. Do nada vem o nada.

Lembre-se, a filosofia tem tudo a ver com viver a vida. Conforme já dito aqui, Epiteto compara a filosofia aos artesãos — assim como o carpinteiro usa madeira e o escultor usa bronze, nós usamos nossas vidas como matéria-prima na arte de viver.

Todo acontecimento é um bloco de mármore bruto no qual podemos treinar. É assim que aprendemos a usar o cinzel e o martelo até dominarmos nosso ofício. A filosofia trata de levar seus princípios ao mundo real. Lembre-se, queremos ser filósofos-guerreiros e visamos principalmente colocar em prática aquilo que aprendemos.

É disso que vamos falar agora. Nesta parte do livro, você vai encontrar 55 exercícios estoicos e conselhos práticos. Você pode também fazer cada um deles isoladamente. São três partes: a primeira é a **PREPARAÇÃO**, que você pode fazer por conta própria, sem precisar de um fato específico na sua vida para treinar, então pode simplesmente fazer em casa. A segunda é a **PRÁTICA** com exercícios que envolvem situações para lidar com momentos de angústia e estresse. E a terceira parte é de **PRÁTICAS DESAFIADORAS** para o seu dia a dia.

Lembre-se de que diferentes abordagens funcionam diversamente para cada pessoa. Encare as questões práticas como sugestões, não como regras rígidas. Faça um teste com elas, e aí mantenha só aquelas que funcionam e descarte as que não funcionam. Não pense demais.

Agora, antes de entrarmos na parte prática, vamos dar uma breve olhadinha na história de uma figura lendária e analisar três detalhes importantes que vão ajudar a obter o máximo da parte prática.

Prepare-se

> "O que seria de Hércules, você acha, se não houvesse leão, hidra, corça ou javali — e nenhum malfeitor para expulsar do mundo? O que ele teria feito na ausência de tais desafios?" ***Epiteto***

O que teria acontecido ao lendário Hércules se não houvesse luta?

"Obviamente", diz Epiteto, "ele teria simplesmente se virado na cama e voltado a dormir. Então passaria a vida roncando em meio ao luxo e ao conforto, e jamais teria se tornado o poderoso Hércules."

O que seria de qualquer pessoa que você admira se não houvesse luta? Sua mãe? Aquele colega que você tanto estima? Roger Federer ou qualquer outra superestrela?

Uma coisa é certa: sem os desafios que enfrentaram em suas vidas, elas não estariam onde estão. As dificuldades são importantes. É para isso que estamos aqui. "Deus", diz Sêneca, "não faz uma pessoa boa a partir de um bichinho mimado; ele a põe à prova, a endurece e a prepara para seu dispor."

Todas as adversidades que você está enfrentando na vida são testes. É mero treinamento. A vida não é feita para ser fácil, a vida é feita para ser desafiadora para garantir que você de fato amadureça. "E as coisas que nos causam calafrios e nos abalam são para o bem das próprias pessoas a quem elas chegam", diz Sêneca.

Toda vez que você se flagrar em um buraco, lembre-se de Hércules, que se tornou forte só *por causa* dos desafios que enfrentou.

A vida é feita para ser difícil às vezes. Levante o queixo, infle o peito, você vai se sair bem.

Agora vejamos os três detalhes úteis que vão ajudar a tirar o melhor proveito das questões práticas da vida.

Esteja atento

O estoicismo não é um caminho fácil. Existem muitos princípios para se manter em mente e os quais seguir.

E o pré-requisito mais importante é estar ciente do que está acontecendo. Porque a filosofia estoica se trata principalmente de como reagimos ao que acontece no mundo ao redor. Você já sabe: o que acontece não importa, afinal de contas, está além do nosso controle. O que importa é como lidamos com as ocorrências.

Para podermos lidar de forma eficaz com os acontecimentos, e estarmos atentos às nossas reações, precisamos estar cientes do que está acontecendo. Precisamos ser capazes de nos colocarmos entre o estímulo e a resposta. Precisamos ser capazes de *não* seguir nossos impulsos, mas dar um passo para trás e olhar a situação com objetividade.

O estoicismo exige a habilidade de não reagir impulsivamente aos eventos. Requer que identifiquemos nossas impressões iniciais, para que assim reconheçamos nossa competência de escolher como reagiremos. Uma vez que conseguirmos identificar nossas impressões automáticas, poderemos testá-las e então escolher ativamente se vamos seguir com a impressão inicial ou não.

Note, a consciência é o primeiro passo para qualquer mudança importante. Se você não estiver ciente dos problemas na sua vida, como vai conseguir consertá-los? Se você não percebe quando sai do sério, como quer evitar isso no futuro? "A consciência da transgressão é o primeiro passo para a salvação", diz Sêneca. "Você tem que se flagrar fazendo para poder corrigir o ato."

O estoicismo pede que estejamos cientes do que fazemos em todos os momentos. Toda a ideia de virtude, de expressar nosso eu superior em todos os momentos, é baseada na nossa capacidade de estar presente no ato e saber o que está acontecendo. De que outro modo podemos escolher nossa melhor ação?

Nossos pensamentos e ações voluntários são, por definição, as únicas coisas sob nosso controle. E eles só existem aqui e agora. Não podemos escolher uma ação se estivermos perdidos nos pensamentos, ruminando o passado ou sonhando com o futuro.

Portanto, devemos concentrar a atenção no presente, sem distrações com o que passou ou com o que virá. Só assim poderemos enfrentar adequadamente o desafio que nos encara, tentando aceitá-lo como ele é, e escolher uma resposta consistente com nossos valores.

Basicamente, devemos estar cientes de cada passo. Conforme já dito, devemos ter olhos de falcão e trazer ao momento a mesma atenção dispensada durante a caminhada descalça em meio a cacos de vidro. Essa auto-observação contínua e concentrada é essencial para colocarmos o estoicismo em prática com eficácia.

Não se preocupe se você se considera uma pessoa meio dispersa. Mesmo assim, ainda será capaz de aderir à maioria dos exercícios a seguir. Além do mais, muitos deles, na verdade, vão ajudar a melhorar sua atenção plena. Esse cultivo da consciência é intrínseco ao estoicismo. Você se torna mais habilidoso em se afastar dos seus impulsos para assim poder analisá-los e questionar o escopo deles e, em seguida, decidir sobre sua resposta mais sagaz.

Recarregue sua autodisciplina

Exercer o estoicismo não é como assistir à TV. Requer esforço. Você precisa de fato fazer alguma coisa.

A maioria das práticas exige autodisciplina, isto se há o desejo real de executá-las. Algumas são desafiadoras, longe de serem particularmente divertidas, e vão sugar sua força de vontade. Mas faz parte do jogo. E é semelhante a outras coisas na vida. Se você quiser melhorar no jogo de dardos, então deve praticar. Se você quiser melhorar no levantamento de peso, deve treinar com afinco.

O mesmo vale para o estoicismo. Requer esforço e disciplina, mas ao mesmo tempo aumenta a resistência e a autodisciplina. E isto o tornará mais forte. Assim como o levantamento de peso fortalece seus músculos, a prática dos princípios estoicos fortalece sua força de vontade.

Sim, é exigente. Mas você tem de pagar o preço se quiser evoluir. Os exercícios o tornarão mais resistente, tranquilo, corajoso, disciplinado e assim por diante.

Além disso, você deve ter em mente que há um custo quando *não* se tem e *não* se exerce uma filosofia de vida. O escritor William Irvine explica esse custo sem rodeios: "O perigo é você gastar seus dias perseguindo coisas sem valor e, assim, acabar desperdiçando sua vida".

Depende de nós. Ou nos dispomos a investir e colher os benefícios, ou não, correndo assim o risco de desperdiçarmos nossas vidas.

Veja bem, as possíveis recompensas são muito maiores do que o esforço que você tem de despender. Se você me perguntar, é um investimento que não requer muita habilidade. Há muito a se ganhar e nada além de um pequeno esforço a "perder". Veja como Irvine descreve seus ganhos caso opte por fazê-lo: "Os estoicos podem se transformar em indivíduos notáveis por sua coragem e autocontrole. Serão capazes de fazer coisas que os outros temem, e serão capazes de se abster de coisas às quais os outros não resistem."

Você pode se tornar esse indivíduo notável se estiver disposto a se esforçar. Adote as práticas a seguir mesmo que não esteja com muita vontade. Faça o que tem de ser feito. Ou então nem leia, balance a cabeça e siga a vida sem colocar nada disso em prática. E aí não evolua em nada.

Lembre-se de que a autodisciplina é como um músculo. Quanto mais você usa, mais forte fica. Portanto, toda vez que você decidir superar o obstáculo inicial e adotar um desses exercícios, você estará treinando sua autodisciplina e força de vontade.

Se você já fizer algo hoje, muito provavelmente também vai fazer amanhã. Se você não fizer hoje, é menos provável que faça amanhã.

Não se intitule um filósofo

De acordo com Epiteto, você vai ser ridicularizado por exercer o estoicismo: "Se você deseja a filosofia, prepare-se desde o início para ser ridicularizado, saiba que muitos zombarão de você".

Bem, não sei se isso ainda é válido hoje em dia. Confesso que não falo muito sobre a prática do estoicismo, então não vivenciei essa coisa de ser zombado pelas pessoas por causa disso. De qualquer forma, acho que se seus amigos fizerem troça porque você está tentando ser uma pessoa melhor, então talvez seja a hora de repensar suas amizades.

"Lembre-se", continua Epiteto, "que se você subsistir nos mesmos princípios, essas pessoas que primeiro ridicularizaram você, depois irão admirá-lo".

Então, mesmo que você seja motivo de chacota e que os outros dificultem seu comprometimento com o autodesenvolvimento, saiba que, se permanecer forte, essas pessoas irão admirá-lo.

O truque mais simples para repelir esse tipo de galhofa também vem de Epiteto: "Jamais se intitule filósofo, e não fale muito entre os leigos sobre os princípios filosóficos, e sim aja de acordo a eles".

Não mencione que você gosta do estoicismo, simplesmente viva de acordo com ele. Mas você pode falar sobre o assunto com aqueles que queiram saber o que está rolando quando identificarem as mudanças positivas. Essa é a primeira dica que William Irvine compartilha em seu livro *A Guide to the Good Life* [O guia para a boa vida]: "O primeiro conselho que eu daria àqueles que desejam dar uma chance ao estoicismo é fazer o que batizei de *estoicismo clandestino*: você fará bem, acho eu, se mantiver em segredo que é um praticante do estoicismo. Ao exercer o estoicismo furtivamente, você obtém seus benefícios, porém evita um custo significativo: a provocação e a zombaria direta de seus amigos, parentes, vizinhos e colegas de trabalho."

Demonstre o que você aprendeu em vez de palestrar por aí.

Mergulhe.

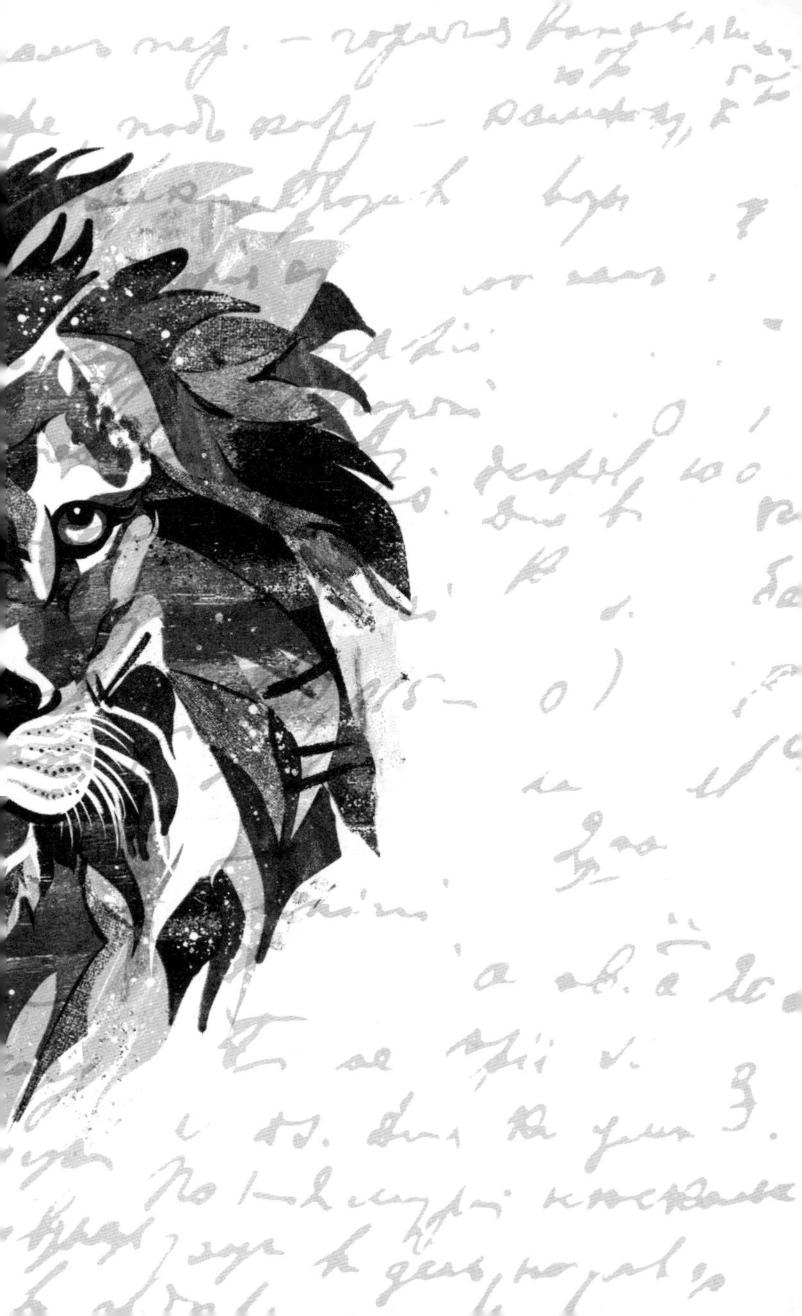

EXERCÍCIOS DE PREPARO
seja prático

O estoicismo é exigente. Ele quer que você expresse seu eu superior o tempo todo, se concentre naquilo que é capaz de controlar e que aceite o restante com serenidade. Quer que você reconheça seu poder de encarar os acontecimentos de maneira construtiva e que assuma a responsabilidade por sua prosperidade.

As práticas e estratégias a seguir irão ajudá-lo a se tornar uma pessoa pronta para lidar com os desafios da vida. Não exigem nenhuma circunstância específica. Você pode fazê-las a qualquer hora e em praticamente qualquer lugar. Vão demandar apenas alguns minutos do seu tempo e um pouco de autodisciplina.

São vários tipos de exercícios: mentalidades a serem adotadas, exercícios de visualização e escrita, exercícios de registro no diário, alguns ao ar livre, intervenções no estilo de vida e muitos outros.

Ah, e a partir de agora você encontrará espaços para anotar a essência do exercício com suas próprias palavras e fazer com que o aprendizado se torne seu. Utilize os campos de Notas Reflexivas do Leitor (NRL) para este registro.

Preparar, apontar, já!

Exercício 1.
A arte estoica da aquiescência: aceitar e amar o que vier

> "Ó mundo, estou em sintonia com todas as notas de tua grande harmonia. Para mim, nada é cedo, nada é tarde se oportuno para ti for. Ó Natureza, tudo o que as tuas estações produzem são frutos para mim." ***Marco Aurélio***

Em vez de lutar contra cada coisinha que acontece, acolha. Já aprendemos um pouquinho sobre aceitação estoica no capítulo 3. Se resistirmos à realidade, se pensarmos que as coisas estão contra nós, se lutarmos contra o que é, só vamos sofrer. Portanto, não devemos desejar que a realidade seja diferente, e sim aceitá-la tal como é.

"Se essa é a vontade da natureza, então que seja." Esta é a máxima que guiava os estoicos. Hoje, temos o ditado semelhante "Seja feita a Tua vontade". E não importa se chamamos de Deus, Natureza, Destino ou Sina, apenas devemos reconhecer que existe algo maior do que nós, e que não controlamos tudo o que acontece ao nosso redor.

A arte da aquiescência se trata da aceitação voluntária de acontecimentos externos. Aceite até mesmo o que a maioria das pessoas julgaria como "ruim". Epiteto diz que, como filósofos, devemos nos adaptar ao que quer que aconteça, assim, nada ocorrerá contra nossa vontade e nada do que desejamos deixará de ocorrer. Comungue sua vontade aos acontecimentos. "O destino conduz os dispostos e arrasta os relutantes", como disse Sêneca.

Lembra-se da metáfora do cachorro preso à carroça? O cão ou pode aproveitar o passeio e correr suavemente ao lado do veículo, ou pode resistir obstinadamente enquanto vai ser arrastado de qualquer jeito. Se resistirmos ao que acontece, seremos arrastados como ocorre com o cachorro da analogia. Isso se chama sofrimento.

É muito mais inteligente aceitar a realidade e focar onde se detém nosso poder. Conforme já vimos, a marca registrada de um bom jogador de pôquer é saber jogar melhor, independentemente da mão de cartas recebida. No final, não ganha quem recebe as melhores cartas objetivamente, e sim quem joga melhor.

Você não tem como escolher as mãos que recebe, mas apenas como deseja jogá-las. Suas cartas no pôquer, assim como na vida, são indiferentes, portanto, aprenda a aceitá-las *igualmente*, sem julgamento. Se você souber fazer isso, se você aceitar em vez de resistir, vai se livrar dessa dependência de querer ver o curso das coisas sempre a seu favor.

Veja este exemplo impressionante:

Aos 67 anos, depois de mais um dia no laboratório, Thomas Edison voltou para casa. Depois do jantar, um homem chegou à casa dele com notícias urgentes: havia um princípio de incêndio no campus de pesquisa onde ele trabalhava, a alguns quilômetros dali.

Os bombeiros não conseguiram impedir o fogo. Alimentadas por produtos químicos, chamas verdes e amareladas disparavam aos céus, ameaçando destruir todo o império que Edison passara a vida construindo.

Quando Edison chegou ao local, imediatamente disse ao seu filho: "Vá buscar sua mãe e todos os amigos dela, eles jamais verão um incêndio dessa magnitude outra vez."

Que bela reação, não? Ele tinha perdido praticamente tudo no qual vinha trabalhando a vida toda e, em vez de ficar triste ou com raiva, aceitou e tentou tirar o melhor proveito da situação. Edison começou a reconstruir o que o fogo destruíra no dia seguinte. Isso é jogar bem com as cartas que se tem. Isso é não resistir aos acontecimentos.

Além disso, esse exemplo mostra que a aceitação estoica não tem nada a ver com resignação passiva. Edison precisou de apenas um dia para tomar a iniciativa de se reerguer. Aceitou seu destino afavelmente e tentou fazer o melhor possível a partir dali. E é isso que os estoicos nos aconselham a fazer: não lute contra a realidade, em vez disso, harmonize-a a suas vontades e concentre-se no cerne do seu poder.

Marco Aurélio tem um truque para alinhar vontade e realidade. Ele compara as ocorrências que nos acometem à prescrição de um medicamento. Assim como você toma um remédio quando um médico manda, devemos encarar os eventos externos como eles são: como o remédio que está ali para nos ajudar.

Aquilo que nos acomete é o tratamento da natureza para nos tornarmos pessoas melhores. Essas coisas acontecem *para nós*, não *contra nós*, mesmo que não pareça.

Eis uma coisa que me ajuda: a natureza é imensamente complexa, e é impossível dizer se algo que acontece é bom ou ruim, pois você nunca sabe quais serão as consequências dos infortúnios. E você também nunca sabe quais serão as consequências da boa sorte. Por conseguinte, procuro aceitar tudo como se tivesse sido minha escolha. Dessa forma, passo de vítima chorona a agente responsável.

(Recomendo enfaticamente que você assista a esse vídeo de dois minutos no YouTube: *The Story of the Chinese Farmer*.)

NRL: ....
....
....
....
....
....

Exercício 2.
Empreenda com uma cláusula de reserva

"Vou navegar pelo oceano, se nada me impedir."
Sêneca

A *cláusula de reserva* é um truque estoico clássico para manter a serenidade e a tranquilidade. E algo que auxilia a aceitar os resultados de suas ações. Sempre que você estiver planejando fazer alguma coisa, deve acrescentar a seguinte advertência "se nada me impedir".

Sêneca define a cláusula de reserva como esta fórmula: "Quero fazer isso e aquilo, desde que não haja um acontecimento que represente um obstáculo à minha decisão". Farei se o destino permitir. Farei o melhor que puder, mas o resultado, em última análise, não está sob o meu controle. Não há como ter certeza de que tudo sairá conforme o planejado, mas vou me dedicar ao máximo.

- Vou navegar pelo oceano, se nada me impedir.
- Vou malhar na segunda e na quinta esta semana, se o destino permitir.
- Vou acertar o alvo, se Deus quiser.

É isso: você se propõe a fazer algo assumindo que o resultado não está sob seu controle, e se dispõe a aceitar serenamente que as coisas possam não sair conforme o planejado. Outras pessoas presumem que *é claro* que as coisas vão correr bem. E se não correrem, elas resistirão à realidade e sofrerão indefinidamente.

Como estoicos, incorporamos a cláusula de reserva em tudo o que fazemos, e assim antevemos que algo pode interferir e impedir o resultado desejado. Não nos prometemos sucesso de antemão. Por conta disso, será mais fácil aceitar o fracasso e vamos nos reerguer mais depressa. Além do mais, ganharemos confiança por não estarmos excessivamente apegados ao resultado.

Com essa postura desapegada, somos mais capazes de manter nossa tranquilidade, em vez de nos entregarmos à frustração, ainda que o desfecho seja diferente do esperado.

A cláusula de reserva implica dois pontos:

1. Dê o seu melhor pelo sucesso...
2. ... e, ao mesmo tempo, saiba e aceite que o resultado está além do seu controle direto.

Esse meio é um jeito quase infalível de assegurar sua confiança: (1) você tenta o melhor possível pelo sucesso; (2) você sabe que os resultados estão fora do seu controle;

(3) você está preparado para aceitar o sucesso e o fracasso igualmente; e (4) você continua a viver com *areté*, de momento a momento.

Eis o arquétipo do arqueiro estoico outra vez. Concentre-se no que você controla e lide com o restante conforme for acontecendo. Foque no processo — no esforço, no treinamento, na preparação — e se disponha a aceitar o resultado com serenidade. A cláusula de reserva ajuda exatamente nisso. Se acrescentarmos essa advertência ao atirarmos nossa flecha, estaremos cientes de que o resultado não depende de nós e estaremos preparados para aceitar o sucesso e o fracasso em igual medida. Somos responsáveis apenas por fazer o melhor disparo possível, mas não por acertar o alvo, isto fica por conta do destino.

Em suma: saiba que às vezes as coisas não acontecem do seu jeito, mesmo que você dê o seu melhor, independentemente de merecimento. Não confunda suas aspirações com o desenrolar do universo a seu favor.

NRL: ....
....
....
....
....
....
....
....
....
....
....

Exercício 3.
O bloqueio no caminho torna-se o caminho

"O impedimento para a ação promove as ações.
O que está em seu caminho torna-se o caminho."
Marco Aurélio

"Sem dúvida, uma das fórmulas mais eficazes da história para superar todas as situações negativas." Eis o que Ryan Holiday diz sobre a fórmula de Marco Aurélio que você acabou de ler acima. Ele ainda desenvolve: "Uma fórmula para prosperar não somente a despeito dos acontecimentos, mas *por causa* deles".

Ryan Holiday escreveu um livro com base nessa fórmula, *The Obstacle Is the Way* [O obstáculo é o caminho]. A ideia principal é que as dificuldades e os desafios da vida só são obstáculos se assim os fizermos. Tudo depende de como encaramos esses desafios — temos a opção de ver os obstáculos e nos flagrar bloqueados, ou podemos enxergar as oportunidades e progredir.

Em todo desafio existe uma oportunidade de crescimento. Se estivermos cientes disso, teremos a certeza de que o que nos impede — contratempos e batalhas — na verdade, vai nos *fortalecer*. Sendo assim, já esperamos as batalhas de antemão (lembra-se da cláusula de reserva do Exercício 2?) e saberemos que elas serão um bloco de mármore bruto para aprimorar nossas habilidades.

No estoicismo, sempre há uma oportunidade de exercer a virtude: coragem, humildade, razão, justeza, paciência, autodisciplina e perdão. Nada nos impede de fazer isso. A virtude está sempre sob o nosso controle, é sempre possível responder com virtude em qualquer situação. Aquilo que bloqueia o caminho torna-se o caminho. É só mais uma oportunidade de treinar para ser sua melhor versão possível.

Não importa o que a vida nos dá, temos escolha: vamos nos deixar ser bloqueados pelos desafios ou vamos combatê-los? Ou encolhemos ou crescemos. Na verdade, a adversidade é uma escadinha para subirmos um nível como pessoa. Sem essa oportunidade, não temos como crescer e permanecemos estagnados.

Imagine um incêndio. Todo obstáculo é consumido e usado como combustível. Se não houver nada no caminho, o fogo morre. Você é esse fogo. E nada é de fato um obstáculo, porque tudo no meio do caminho só faz alimentar você, só faz tornar você mais forte. Marco Aurélio chama essa capacidade de fazer dos obstáculos um combustível de "virar o obstáculo de ponta-cabeça".

Toda vez que alguma coisa ficar no seu caminho, use-a para treinar e alcançar seu objetivo mais importante — viver com *areté*, manifestar a melhor versão de si mesmo. Não há nenhum impeditivo para tal. Desse modo, você continuará a progredir e sempre haverá novos obstác… *cof cof*, oportunidades à sua espera. Usar os percalços como combustível e treinar suas habilidades é algo que está dentro do seu controle.

Tudo basicamente se resume à sua percepção. A mesma situação pode ser percebida como uma bola de chumbo que acorrenta seus pés ou a asas brotando de suas omoplatas. A maneira como você interpreta o desafio é crucial para o sucesso em sua superação. Em última análise, nunca são os desafios o que importa, mas a maneira como você os vê.

"Se você estiver sofrendo por alguma ocorrência externa agora, sua dor não está vindo da situação em si, mas do julgamento que você faz dela. E está em seu poder dar fim a esse julgamento imediatamente." Marco Aurélio diz que seu julgamento será o responsável por transformar um acontecimento num obstáculo ou numa oportunidade. A decisão é sua.

É possível encontrar oportunidade de crescimento em tudo. Você sempre pode tentar virar os obstáculos de ponta-cabeça e achar um jeito de reagir com virtude.

E, ei, não se trata de usar óculos cor-de-rosa para ver a vida. Coisas terríveis acontecem o tempo todo, sem dúvida. Isso é só para mostrar que você sempre tem escolha. Ou você enterra a cabeça na areia quando as coisas parecem conspirar contra você, ou mantém a cabeça erguida e busca uma oportunidade de crescimento.

Com o tempo, você vai ficando cada vez melhor nisso, e aí atingirá um ponto de tranquilidade interior em que nada será capaz de abalá-lo — vai estar pronto para lidar de forma eficaz com qualquer coisa que a vida jogar no seu colo.

NRL: ....
....
....
....
....
....
....
....
....

Exercício 4.
Lembre-se da impermanência das coisas

"Ao beijar seu filho ou esposa, repita para si: 'Estou beijando um mortal'." ***Epiteto***

A mudança é uma lei universal da natureza. As coisas mudam constantemente. A vida é efêmera — nossos entes queridos podem ser arrancados de nós num piscar de olhos, sem aviso. É por isso que Marco Aurélio muitas vezes se refere ao tempo como uma metáfora de um rio, em que tudo passa: "Pense na rapidez com que as coisas que existem e estão surgindo passam por nós e se perdem de vista. Pois toda substância é como um rio num fluxo incessante, suas atividades sempre mudam, e suas causas estão sujeitas a inúmeras variações, e praticamente nada é estável."

As coisas estão em constante mutação, elas passam, coisas novas vêm e vão. Portanto, devemos nos lembrar de como nossos entes queridos são — pode ser que eles também passem rapidamente. Sejamos gratos pelo que temos agora porque pode acabar amanhã. A vida é impermanência.

Lembre-se de que você tem sorte de poder desfrutar das coisas que possui, e que sua diversão pode terminar abruptamente, e que talvez você nunca mais possa usufruir dessas mesmas coisas outra vez. Aprenda a gostar das coisas e das pessoas sem sentimento de posse, sem se agarrar a elas com desespero.

Com a metáfora do rio em mente, você reduz o apego ao que ama e diminui o medo das coisas às quais é avesso. Afinal de contas, você está ciente de que tudo está em constante mutação, inclusive as coisas de que você não gosta. Esse método geralmente reduz a importância percebida diante das coisas externas.

Saber que nada dura faz de você alguém menos apegado, e desse jeito fica mais fácil aceitar quando as coisas mudam ou quando você perde o que ama. Epiteto nos lembra que, quando nos apegamos a alguma coisa, como uma taça de cristal, por exemplo, devemos ter em mente o que aquele objeto de fato é, para que não sejamos perturbados quando ele se quebrar. Ele continua: "E assim deve ser para com as pessoas; se você beija seu filho, irmão ou amigo... você deve se lembrar de que ama um mortal e que nada do que você ama lhe pertence; é dado a você naquele momento, não é eterno nem inseparável, está mais para um figo ou um cacho de uvas que só frutificam na época certa, e se você anseia por tais frutos no inverno, você é um tolo. Da mesma forma, se você anseia pela presença de seu filho ou de seu amigo quando não lhe é permitido tê-los, saiba que você está ansiando por um figo no inverno."

Da próxima vez que você se despedir de um ente querido, lembre-se silenciosamente de que pode ser a despedida derradeira. Você ficará menos apegado a ele, e se voltar a vê-lo, vai aproveitar o momento muito mais.

Não podemos mudar muitas das coisas que acontecem conosco. Mas podemos adotar um espírito nobre para suportar bravamente todas as mudanças que a natureza nos apresenta e harmonizar nossa vontade com a realidade.

Se não há figos, então não há figos.

As coisas mudam o tempo todo. Tome consciência da pequenez deste momento presente ao ler isto. E, opa, o momento passou! Compare este momento com o dia inteiro, com a semana inteira, com a sua vida inteira. As coisas mudam, *você* muda. Imagine todas as pessoas que viveram antes de você. E todas as pessoas que virão depois que você se for. Amplie sua perspectiva para toda a história da raça humana...

Viu? As coisas vêm e vão. Nada dura.

NRL: ....

Exercício 5.
Contemple sua própria morte

"Não sou eterno, e sim um ser humano; parte do todo, como uma hora do dia. Assim como a hora, devo chegar, e assim como a hora, devo passar." *Epiteto*

As coisas são impermanentes. Desfrute do que você ama, contanto que esteja ao seu alcance. Se nada mais, então sua própria morte vai dar fim a tudo. Não há nada que temamos mais do que nossa morte. Esse medo é irracional, dizem os estoicos, é nada além de rumores dos vivos.

Por causa desse medo, evitamos pensar na nossa morte. Sim, outros podem morrer, mas nós não — nós nos sentimos imortais. Só que não somos. Cuidado: o que acontece aos outros também pode acontecer a você.

Não sabemos por quanto tempo nosso coração vai continuar a bater, e nem cabe a nós decidir. Mas cabe a nós decidir como queremos viver agora. Para aproveitar a vida ao máximo, os estoicos nos aconselham a viver como se todo dia fosse o último.

"Pense em si como um indivíduo morto", diz Marco Aurélio, "você viveu sua vida. Agora pegue o que sobrou e viva de maneira adequada." Viver como se fosse o último dia *não* é se entregar a um estilo de vida frívolo repleto de drogas, jogatina e prostitutas. É refletir periodicamente sobre o fato de que você não vai viver para sempre, de que é mortal e pode não acordar na manhã seguinte. Assim como a hora, você vai passar.

O objetivo aqui não é mudar suas atividades necessariamente, e sim seu estado de espírito ao fazer suas atividades. Contemplar sua morte não deve trazer depressão, mas aumentar sua alegria de viver. É algo que deve funcionar a seu favor. Com isso, você não vai ficar achando que tudo na sua vida está garantido e assim vai aprender a desfrutar de cada coisinha com muito mais afinco. Você vai saborear todos os momentos, pois vai estar ciente de que todas essas coisas não estarão ao seu dispor indefinidamente.

Pensar na própria morte ajuda a parar de fazer escolhas aleatórias e de perder tempo com bobagens. Você fica mais ciente das coisas com as quais deseja passar seu tempo. Essa consciência concentra sua mente no que é importante de fato — no tipo de pessoa que você deseja ser neste mundo. Isso ajuda você a viver com *areté*, não importando o que você tenha deixado de fazer até hoje. A vida é agora, e você quer tirar o melhor proveito dela, expressando seu eu superior em todos os momentos.

Os antigos romanos tinham um termo para isso: *Memento mori* (lembre-se de que você é mortal). Tenha isso ao alcance dos olhos e você não apenas vai estimar sua vida e seus entes queridos muito mais, como também vai aproveitar seus dias mais enfaticamente. Marco Aurélio aconselha a se lembrar disso todas as manhãs: "Quando acordar pela manhã, pense no privilégio precioso que é estar vivo — respirar, pensar, desfrutar, amar".

NRL: ....
....
....
....
....

Exercício 6.
Considere tudo um empréstimo da natureza

"Não temos fundamento para o narcisismo, como se estivéssemos cercados por bens que nos pertencem; eles nos foram emprestados. Podemos usá-los e desfrutar deles, mas aquele que distribuiu tais ofertas decide por quanto tempo seremos arrendatários delas; nosso dever é manter de prontidão as ofertas que nos foram cedidas por tempo indeterminado e devolvê-las quando solicitados, sem reclamar: é um devedor lamentável aquele que abusa de seu credor." ***Sêneca***

Você de fato possui alguma coisa?

Seu carro, seu laptop, seu gato? Seu corpo, seu status social, seus relacionamentos?

Não, porque todas essas coisas podem ser tiradas de você em um segundo. Você pode até trabalhar horas extras e pagar o preço para ter essas coisas, mas elas podem desvanecer a qualquer momento. O destino, o azar ou a morte podem fazer com que você se desaposse delas sem aviso.

Carro? Roubado! Dinheiro? Perdido! Gato? Fugiu! Esposa? Morreu! Status social? Já era!

Não estamos preparados para lidar com tais perdas. Achamos que somos donos das coisas e só percebemos que *não* somos quando elas se vão, e aí fica incrivelmente difícil de lidar com isso. Ficamos arrasados, perdidos e encharcados de lágrimas.

Sêneca diz que não conseguimos lidar com essas perdas porque ignoramos a possibilidade de perder o que temos, para início de conversa. Nunca pensamos em acontecimentos ruins com antecedência e geralmente somos pegos de surpresa. Mas como é que podemos ser tão inconscientes?

É a ignorância.

Em sua carta *Consolação a Márcia*, Sêneca pergunta como é que somos capazes de presenciar tantos cortejos fúnebres passando por nossas casas e somos incapazes de pensar na morte. Tantos funerais tão tristes, e mesmo assim ainda ficamos convencidos de que nossos filhos vão viver mais do que nós. Muitas pessoas ricas perdem todos os seus bens, mas jamais pensamos que algo assim poderia acontecer conosco.

Tantos panfletos de *Procura-se gatinho desaparecido* colados nas ruas, mas jamais achamos que nosso *Tigrinho* possa se perder também. Como podemos ver tanto infortúnio no mundo e não pensar que pode acontecer conosco?

Fechamos nossos olhos. Simplesmente ignoramos. Achamos que somos invencíveis. Achamos que tudo está garantido. Essa ignorância vai nos custar muito caro e, no fim, vamos terminar arrasados e incapazes de lidar com os percalços.

É por isso que Sêneca aconselha pensar em tudo neste mundo como um empréstimo da natureza. Você não é dono de nada. Tudo o que você pensa possuir lhe foi emprestado temporariamente. Não é um ativo, é algo que você vai ter de devolver sempre que o credor quiser. E, como diz Sêneca, "é um devedor lamentável aquele que abusa de seu credor".

Pense em tudo o que você pegou emprestado até hoje: seu melhor amigo, seu cônjuge, seus filhos, seu gato, sua saúde, seu status social, seu carro e seu laptop. Essas coisas são empréstimos. Esteja ciente disso e preveja que o credor vai querer tudo de volta em um momento desconhecido. Desse modo, o infortúnio vai atingir você com menos força e você será capaz de lidar com ele com mais destreza.

No final, chegamos sem nada e partimos sem nada.

NRL: ....
....
....
....

Exercício 7.
Visualização negativa: prevendo coisas ruins

"É justamente em períodos de imunidade aos cuidados que a alma deve se enrijecer de antemão para ocasiões de maior estresse, e é enquanto o Destino nos é gentil que devemos nos fortalecer contra sua violência. Em dias de paz, o soldado realiza manobras, ergue a fortificação sem nenhum inimigo à vista e se esgota pela labuta desnecessária a fim de se igualar ao que se faz necessário. Se você não deseja que uma pessoa recue quando a crise chegar, treine-a antes que ela se estabeleça." ***Sêneca***

Você toma precauções para evitar que coisas ruins aconteçam?

É certo que geralmente sim. Eu também tomo. Mas não importa o quanto nos esforcemos, algumas coisas ruins vão acontecer de qualquer jeito. E é aí que recorremos a uma poderosa ferramenta estoica. A *visualização negativa* é um exercício de imaginação no qual você prevê coisas ruins. Ele o prepara para manter a calma e lidar da melhor forma com o que quer que aconteça.

Um objetivo importante dos estoicos é ser capaz de permanecer calmo e ponderado mesmo em face da adversidade, de modo que você possa viver de acordo com seus valores e manifestar sua melhor versão, em vez de entrar em pânico e enlouquecer.

Isso requer treino. Os estoicos adotavam a visualização negativa como um treinamento para manter a serenidade e lidar bem com situações desafiadoras. Eles se preparavam para assim abrandar o choque da realidade e alcançar maior tranquilidade, mas também para ensaiar os princípios fundamentais da filosofia, para aprofundar seus valores.

Pense nesse treinamento mental como uma *previdência*. Antes de sair e fazer qualquer coisa, pergunte-se:

- O que poderia dar errado?
- Que obstáculo pode surgir?
- Em que momento eu poderia enfrentar dificuldades?

Trata-se de um treinamento de resiliência emocional. Você se prepara para enfrentar situações difíceis de antemão, quando as coisas ainda estão bem, para assim estar pronto quando as coisas ficarem ruins. É assim que você evita a ruína, como Ryan Holiday expressou lindamente: "A ruína — aquela sensação de que estamos absolutamente arrasados e chocados por um acontecimento — é uma evidência de como costumamos considerar aquele acontecimento improvável, para início de conversa".

Ao cogitar situações desafiadoras que podem detonar seus planos, você se prepara para não se sentir tão oprimido e chocado caso elas venham a acontecer. E assim você será capaz de dar o seu melhor ante as adversidades.

Basicamente, você visualiza possíveis cenários ruins. Pergunte-se com antecedência o que pode dar errado se for fazer uma viagem, lançar um produto ou sair para um encontro romântico. Imagine essas coisas negativas como se estivessem acontecendo *agora*. Ao visualizar mentalmente esses obstáculos, tente manter a calma e reagir da melhor maneira possível.

Atenção: O termo "visualização negativa" pode ser enganoso. Conforme aprendemos no segundo vértice do Triângulo da Felicidade Estoica, as coisas externas não são nem boas nem ruins, e sim indiferentes. Essa é de fato a base dessa prática estoica — nenhum infortúnio externo pode ser ruim, afinal de contas, ele está fora do nosso controle. Só a nossa reação ao evento pode ser boa ou ruim, e é por isso que treinamos, para sermos capazes de reagir bem, com virtude.

Mais uma coisa: você pode estar se perguntando *se a visualização negativa é semelhante aos exercícios anteriores*. E você está totalmente certo. Lembrar-se da impermanência das coisas, de sua própria mortalidade e de que tudo o que você possui é um mero empréstimo da natureza são todas formas de visualização negativa.

Agora, deixe Sêneca lembrá-lo do seguinte: "O Destino cai pesadamente sobre aqueles que não o esperam. Aquele que está sempre atento resiste sem vacilar." O agora, cercado de boas escolhas, projeta naturalmente um futuro promissor e sem angústias prévias.

NRL: ....
....
....
....

Exercício 8.
Desconforto voluntário

"Mas nem um touro nem um indivíduo de espírito nobre se tornam o que são de uma só vez; ambos devem realizar um treinamento intenso no inverno e se preparar, e não se lançar precipitadamente sobre aquilo que não lhes é adequado." ***Epiteto***

Dediquemo-nos então ao nosso treinamento invernal intenso. Os estoicos levavam a visualização negativa um passo além, em vez de apenas visualizar coisas ruins, eles de fato as colocavam em prática!

Eles aconselhavam o exercício corriqueiro de pequenos desconfortos a fim de auxiliar na evolução para o futuro. O objetivo não é se punir com uma chibata ou algo assim, o objetivo é treinar resistência e autocontrole. Esse tipo de treinamento vai abrandar seu apetite por bens materiais, vai aumentar o apreço pelo que você já possui e também vai preparar você para lidar bem com situações desconfortáveis.

Basicamente, você vai estar treinando para ficar confortável diante de algo que neste momento você descreveria como desconfortável.

Vejamos três formas de desconforto voluntário:

1. Mais é menos: Sêneca recomenda passar alguns dias por mês desprovido de seus confortos: "Contente-se com a comida mais escassa e barata, com roupas inferiores e grosseiras, dizendo a si: é esta a condição que eu temia?".

Aproveite essa ideia e use a criatividade: beba só água por um dia. Coma gastando menos de 15 reais por dia durante uma semana. Experimente jejuar por um período. Use roupas velhas e surradas. Passe um mês com um orçamento bem apertado. E se você for hardcore mesmo, se afaste das redes sociais.

2. Coloque-se em situações desconfortáveis: tome como exemplo a história de Catão, o Jovem. Ele foi senador no período final da República Romana e ávido estudante da filosofia estoica. Catão sabia exercer o desconforto voluntário como ninguém. Ele saía caminhando por Roma usando roupas incomuns para que as pessoas rissem dele, e andava descalço e com a cabeça descoberta no calor e na chuva. Também se colocava sob dietas racionadas.

Você também pode fazer coisas semelhantes. Por exemplo, use poucas roupas quando a temperatura cair, sabendo que vai sentir um frio desconfortável. Finja que sua cama está cheia de aranhas e durma uma noite no chão. Finja que não tem água quente e tome banho frio. Finja que seu carro não está funcionando e use transporte público.

No exército, eles conhecem bem esse tipo de treinamento e dizem: "Se não está chovendo, nada de treinamento". Saia para correr só porque está chovendo.

3. Renuncie ao prazer despropositadamente: se você não quiser se envolver em situações desconfortáveis, então simplesmente renuncie aos prazeres. Deixe passar a oportunidade de comer um biscoito — e não porque talvez não seja saudável, mas porque você deseja melhorar seu autocontrole e treinar o sentimento de desconforto. Escolha não assistir ao jogo do seu time de futebol. Ou opte por não ir à festa com seus amigos.

Isso tudo pode soar como um combate ao prazer, mas na verdade é um treinamento para você se tornar uma pessoa capaz de fazer o que os outros temem, e capaz de resistir ao que os outros não resistem.

Lembre-se do que Epiteto diz, que você deve passar por um intenso treinamento invernal para se tornar quem deseja ser. Treine agora quando ainda é fácil, assim você vai estar preparado quando ficar difícil.

Mais uma vez, não se trata de autoflagelação; se trata de expandir sua zona de conforto, fazendo com que você fique mais confortável em situações desconfortáveis e melhore sua autodisciplina, resiliência e confiança. Você se condiciona a fazer as coisas que são difíceis. E se condiciona a dizer não às coisas que são difíceis de recusar.

Por fim, não se trata também de eliminar todo o conforto de sua vida. Mantenha o conforto que você deseja — uma cama aconchegante, comidas gostosas, chuveiro quente, roupas confortáveis —, apenas abra mão dessas coisas vez ou outra.

NRL: ....
....
....
....

Exercício 9.
Prepare-se para o dia: a rotina matinal estoica

"Ao se levantar pela manhã, diga a si: vou encontrar intrometidos, ingratos,ególatras, mentirosos, ciumentos e excêntricos. Todos eles são afligidos por tais calamidades porque não distinguem a diferença entre o bem e o mal." ***Marco Aurélio***

Uma das rotinas mais defendidas pelos estoicos é reservar um tempo para olhar para dentro de si, examinar e refletir. Os melhores momentos para se fazer isso? De manhã, assim que você acorda, e à noite, antes de pegar no sono.

Epiteto aconselha a ensaiar o dia pela manhã e revisar seu progresso à noite. Ao amanhecer, devemos nos fazer algumas perguntas:

- O que ainda falta para eu me livrar das emoções negativas?
- O que preciso para alcançar a tranquilidade?
- O que eu sou? Um ser racional.

A ideia é melhorar a cada dia, aproximar-se mais um passo de nossos objetivos. Além disso, devemos nos lembrar de nossa natureza *racional* para evitar uma identificação (excessiva) com o corpo, a propriedade ou a reputação. É melhor aspirarmos a razão e a virtude e refletirmos sobre nossas ações.

Marco Aurélio propõe que você se lembre toda manhã "do privilégio precioso que é estar vivo — respirar, pensar, desfrutar, amar". E, conforme já visto na citação de abertura desde tópico, ele quer que nos preparemos para encontrar pessoas desafiadoras ao longo do dia. (Ver *Visualização Negativa*, Exercício 7).

Hoje e todos os dias, você pode ter certeza de que vai se deparar com um babaca. A questão é: você vai estar pronto para isso? Se você se preparar pela manhã, maiores serão as chances de estar em condições de enfrentar interações desafiadoras com paciência, senso de perdão, compreensão e gentileza.

Sendo bem claro: você não se prepara para ser contra o mundo, você se prepara para agir racionalmente num mundo caótico onde nem todos estarão tão bem preparados quanto você. Marco Aurélio ainda tem mais um lembrete, de que aquelas pessoas que se opõem a nós são semelhantes a nós, "não do mesmo sangue ou nascimento que eu, mas da mesma mente". E tais semelhantes não têm o poder de nos causar dor ou raiva, afinal de contas, somos seres feitos para a cooperação.

Todas as manhãs, Sêneca se lembrava sobre a impermanência das coisas. "O sábio começará todos os seus dias com o pensamento: 'O Destino não nos dá nada que é nosso de fato'. Nada, seja público ou privado, é estável."

O que quer que tenha sido construído ao longo de anos, pode ser destruído em poucos segundos. Quantas cidades na Síria e na Macedônia já não foram engolidas por um único abalo de um terremoto? Quantas vezes esse tipo de devastação já não deixou o Chipre em ruínas?

"Vivemos em meio a coisas que estão destinadas a morrer. Mortal você nasceu, mortais você deu à luz. Avalie tudo, espere tudo." *Memento mori* (lembre-se de que você é mortal). Esse preparo mental pela manhã vai ajudar a se concentrar nas coisas importantes, e você estará pronto para encarar as dificuldades com serenidade, resiliência e paciência.

Espere tudo e esteja pronto para tudo — só assim você pode dar o seu melhor em todos os momentos.

A preparação matinal é crucial se você deseja manter a serenidade e manifestar sua melhor versão mesmo em meio a uma tempestade.

Você pode adaptar as rotinas matinais dos estoicos de acordo com a sua preferência; talvez você queira montar uma espécie de planejamento para o dia, ou talvez queira se dar uma palestra estimulante, talvez queira fazer exercícios, meditar ou escrever num diário, e talvez queira cantar debaixo do chuveiro. Fique à vontade, apenas certifique-se de manter uma rotina matinal regular.

E lembre-se sempre: "Mortal você nasceu, a mortais você deu à luz. Avalie tudo, espere tudo."

NRL: ....

Exercício 10.
Reveja seu dia: a rotina noturna estoica

> "Faço uso da oportunidade, defendendo diariamente minha causa em meu próprio tribunal. Quando as luzes se apagam e minha esposa fica em silêncio, já ciente do meu hábito, examino todo o meu dia, analisando tudo o que fiz e disse. Não escondo nada de mim, nada negligencio. Não tenho nada a temer perante meus erros quando posso dizer: 'Atente-se para que não faça mais. Por enquanto, eu o perdoo." ***Sêneca***

Ensaie seu dia pela manhã e avalie seu progresso à noite. Ao fim de cada dia, sente-se com seu diário e analise: o que você fez? O que você fez bem? O que não fez tão bem assim? Como você pode melhorar?

Mantenha vigilância constante sobre si e reserve todos os dias para uma revisão pessoal, assim como fez Marco Aurélio em seus registros *Meditações*. Ele tinha o costume de se sentar para refletir sobre o dia e obter clareza pessoal, escrevendo inteiramente para si, não para o público. E veja só, ainda lemos sua obra 2 mil anos depois...

Sêneca diz que se quisermos que nossas mentes floresçam, devemos melhorar fazendo questionamentos como:

- Que mau hábito você corrigiu hoje?
- Contra que tipo de transgressão você se posicionou?
- Em que aspecto você está melhor agora?

Sêneca compara esse autoexame a uma defesa do próprio caso todas as noites em seu próprio tribunal. Ele julga as atitudes que teve e a partir daí tenta se certificar de que não voltará a cometer os mesmos erros. Uma boa pessoa, diz ele, fica feliz ao receber conselhos, enquanto alguém medíocre se ressente de qualquer orientação.

Epiteto aconselha que você se faça perguntas semelhantes antes de dormir, a fim de revisar seus atos. Além disso, é bom perguntar também quais tarefas não foram realizadas, para garantir que sejam cumpridas no dia seguinte.

A autoanálise noturna vai auxiliar a ganhar controle sobre suas emoções negativas, pois você inconscientemente sabe que será julgado quando a noite chegar. Desse modo, você pode aplacar sua raiva e outras reações carregadas de emoção. De acordo com Sêneca, é um método que ajuda até a dormir melhor.

Mais importante ainda, a rotina de reflexão vai contribuir para a sua atenção plena ao longo do dia. A *attention*, como os estoicos chamam, é um pré-requisito para exercer o estoicismo. Se você deseja manifestar sua melhor versão em todos os momentos, deve estar ciente de suas ações, caso contrário, você pode vacilar e cair na reatividade. E aí você basicamente desiste de ser um filósofo porque não tem consciência do que faz. Você se torna um *des*atento.

É por isso que as rotinas diárias de reflexão são cruciais na filosofia estoica — se você não sabe onde errou, como vai melhorar como pessoa? Se não sabe como deseja se comportar no mundo, como será sua melhor versão?

Por exemplo, suponhamos que em determinada noite você reflita que reagiu como um babaca no trânsito quando outro motorista lhe deu uma cortada, você saiu berrando e xingando. Da próxima vez que se flagrar na mesma situação, e se estiver atento o suficiente, você pode concluir que vai ser melhor, permanecendo calmo, paciente e misericordioso.

Isso não exige grandes habilidades. Reserve cinco minutos todas as noites para relembrar de maneira cônscia dos acontecimentos do dia e revisar suas ações. O que você fez bem? O que não fez tão bem assim? Algo o chateou? Você sentiu raiva, inveja, medo? Como você poderia melhorar na próxima vez?

Combinada a uma rotina matinal, esta é a ferramenta de autoaperfeiçoamento perfeita: sua prontidão mental combinada à autoanálise levará ao aprendizado contínuo e ao desenvolvimento pessoal. Além disso, você ficará mais atento às suas ações.

Pessoalmente, gosto de fazer o exercício chamado *bom, melhor, excelente*. Eu me faço três perguntas simples:

- **Bom**: o que fiz bem hoje?
- **Melhor**: o que eu poderia fazer melhor?
- **Excelente**: o que preciso fazer para alcançar a excelência?

Atenção: Seja sempre gentil e misericordioso consigo. Demonstre autocompaixão. Você está tentando o seu melhor, e essa é a única coisa que você pode fazer de fato. E mesmo que você não se sinta bem, é normal, todo mundo tem suas lutas e contratempos. Leve este conselho a sério: sempre seja gentil com você mesmo.

NRL: ....
....
....
....

Exercício 11.
Tenha um modelo: contemple o Sábio estoico

"'Devemos destacar uma pessoa boa e mantê-la sempre em vista, para que possamos viver como se ela estivesse nos observando, e fazer tudo como se ela estivesse nos vendo.' Este... é o conselho de Epicuro, e ao dá-lo, ele nos apresentou um guardião e um tutor moral — e não sem razão também: os delitos são enormemente reduzidos se uma testemunha está sempre perto de seus executores intencionais." *Sêneca*

Os aspirantes a estoicos são pessoas ambiciosas e desejam expressar seu eu superior em todos os momentos. Uma estratégia que podemos usar é contemplar um modelo de comportamento, de modo que possamos nos avaliar em relação a ele. Os estoicos tinham Zeus, Sócrates ou o Sábio ideal como modelo. Eles perguntariam: "O que o Sábio faria?"

Assim, o Sábio estoico é o modelo ideal, embora hipotético, na filosofia estoica. É absolutamente virtuoso, sábio e bom — um ser humano perfeito. Seu caráter é honrado e louvável, e ele tem uma vida fluida, em perfeita harmonia consigo e com toda a natureza.

Esse ideal fictício nos dá uma direção, uma estrutura, e confere consistência a nossas ações. Como desejamos progredir como uma pessoa boa, podemos nos comparar a esse ideal nos perguntando: "O que o Sábio faria?" Isso pode nos ajudar a tomar as melhores decisões em situações desafiadoras.

Essa pergunta simples é útil porque traz uma pausa entre o estímulo e a resposta. Traz consciência para a situação, e conforme já sabemos, este é o primeiro passo rumo a uma mudança positiva. Perguntar-se o que o Sábio faria nos concede tempo e nos impede de reagir sem pensar, permitindo assim que continuemos no leme de nossas ações para escolher nossa melhor reação possível.

Portanto, nas palavras de Sêneca, "Escolha alguém cujo modelo de vida, assim como as palavras... ganharam sua aprovação. Assinale-o como seu guardião ou modelo. Há uma necessidade, a meu ver, de existir alguém com quem possamos comparar nosso caráter. Não há como alcançar a retidão sem o uso de uma régua."

Ouça Sêneca e tenha sempre um modelo em mente — não precisa ser necessariamente o Sábio. Você pode *escolher* com quem aprender. Pode ser um ídolo como Roger Federer, um super-herói como Batman ou simplesmente uma pessoa que você admira, como sua mãe ou seu pai. Imagine essa pessoa constantemente observando você e suas ações. Isso trará mais consciência à sua vida diária e permitirá que você escolha mais deliberadamente como agir.

Aprenda mais sobre o seu modelo de comportamento pessoalmente ou lendo livros, ouvindo podcasts ou assistindo a filmes. Basta mantê-los sempre à mão para dar o seu melhor. Você pode usar uma bijuteria que faça lembrar seu modelo ideal, colocar a fotografia na mesinha de cabeceira ou guardar uma frase da pessoa na carteira.

Aprender com modelos é um bom jeito de construir sua virtude. Você pode até mesmo modificar esse exercício perguntando de maneira mais generalizada, o que meu pai/mãe/o funcionário perfeito faria? O que Jesus faria? O que Buda faria?

Além disso, temos o lembrete de Marco Aurélio: "Dê uma boa olhada no princípio que governa as pessoas, especialmente no caso dos sábios, do que eles fogem e o que eles buscam".

Observe os sábios e guarde as palavras de Sêneca: "Não há como alcançar a retidão sem o uso de uma régua" (e todos somos tortos por natureza).

NRL: ....
....
....
....

Exercício 12.
Aforismos estoicos: mantenha suas "armas" à mão

"Os médicos mantêm seus bisturis e outros instrumentos à mão para emergências. Mantenha sua filosofia à mão também." ***Marco Aurélio***

Os estoicos muitas vezes resumiam seus princípios básicos em declarações sucintas. Já nos deparamos com algumas neste livro: "viva com *areté*"; "viva de acordo com a natureza"; "algumas coisas estão em nosso poder, outras não"; "indiferentes preferíveis".

São semelhantes às máximas modernas, como "merda acontece"; "mentira tem perna curta"; "ações falam mais do que palavras".

Mas por que os estoicos usavam tais aforismos?

Eles tinham a noção de que nossos pensamentos tingem nosso caráter. Como queriam ser sua melhor versão possível, tentavam neutralizar pensamentos e julgamentos irracionais adotando crenças racionais opostas. Eles percebiam os pensamentos irracionais que espreitavam em suas mentes e queriam estar prontos para substituir tais pensamentos por outros mais úteis e positivos.

E é aí que os aforismos entram na brincadeira. Para garantir que as crenças positivas estivessem sempre ativas na cabeça, eles formulavam seus princípios fundamentais de maneira extremamente simples e clara — mais precisamente de modo que se tornassem memoráveis e assim permanecessem acessíveis. Esse é o único jeito de seus princípios serem adaptáveis à realidade caótica e altamente volátil.

Essas declarações lacônicas eram usadas como lembretes e amparos na vida cotidiana para orientar o comportamento em caso de dúvida. Podem ser consideradas "armas" mentais para combater pensamentos e julgamentos perturbadores. Marco Aurélio tem uma comparação distinta para explicar isso: "O modelo para o emprego de seus princípios é o boxeador, e não o gladiador. O gladiador abaixa ou empunha a espada que usa, mas o boxeador sempre tem as mãos, e só precisa cerrá-las."

Assim como um boxeador faz com os punhos, você deve ter seus princípios em riste o tempo todo.

O conceito é semelhante no *Enchiridion* de Epiteto: é um resumo bem pequeno dos princípios mais importantes dos *Discursos* e se traduz literalmente como "pronto à mão", isto é, sempre disponível para ajudar a lidar com os desafios da vida.

Os estoicos obviamente tinham interesse em colocar seus princípios em prática, e é por isso que tentavam condensá-los em declarações memoráveis que pudessem ser acessadas no momento mais necessário — no mundo real, durante a batalha. Eles queriam progredir e de fato empregar o que aprendiam em sala de aula.

Então, se você for minimamente parecido com eles, crie e memorize declarações igualmente acessíveis que o ajudem a se lembrar de como você deseja se comportar no mundo, e quem você deseja ser. Pergunte: quais são os meus valores? O que desejo defender?

É importante: as afirmações que você formula serão armas indispensáveis nessa luta entre o seu eu que tenta ser o melhor possível e o inferno da realidade que sempre vai tentar atrapalhar. Em última análise, essas armas são praticamente caso de vida ou morte — uma vida feliz e fluida ou uma vida infeliz e insatisfatória.

NRL: ....
....
....
....
....
....
....
....
....

Exercício 13.
Desempenhe bem o seu papel

"Lembre-se de que você é ator de uma peça determinada pelo autor: se é curta, então é curta; se é longa, então é longa. Se ele quiser que você atue como um mendigo, então o faça com excelência, ou como um aleijado, um governante ou um cidadão. Porque esse é o seu objetivo: desempenhar bem o papel que lhe é dado. Já quem escolhe o papel é outra pessoa." *Epiteto*

Cada um de nós temos diferentes papéis a desempenhar: um ser humano, um cidadão do mundo, pai ou mãe, filho ou filha, irmão ou irmã, marido ou esposa, amigo ou inimigo, professor ou aluno, vizinho ou desconhecido, jovem ou velho. Alguns papéis são naturais, como ser humano, filha e irmã. E outros são adquiridos, como esposa e professor.

Tais papéis não funcionam de igual maneira para todos nós. Mesmo que ambos sejamos filhos, meu pai pode ser solidário e gentil, e seu pai desalentador e agressivo. Portanto, nossos papéis se diferenciam.

Agora, cada um de nossos papéis detêm funções específicas. Como uma atriz em uma peça, você deve desempenhar bem o que lhe foi atribuído, ainda que não goste. Você deve atuar de maneira consistente ao seu papel. Você recebeu a capacidade de usar a razão, e é livre para escolher suas ações, consequentemente, é capaz de desempenhar bem a função que lhe foi atribuída.

Tais papéis muitas vezes vêm inter-relacionados. Se você é filha, seu papel é ser uma boa filha em relação aos seus pais. O papel dos seus pais em relação a você é serem bons pais.

Epiteto diz que se você cumpre seus deveres para com os outros, então está vivendo de acordo com a natureza, que é o caminho direto para uma vida feliz e fluida.

Concentre-se no seu lado dos relacionamentos com os outros. É possível que você seja uma ótima filha, mas seus pais não sejam ótimos pais e não desempenhem bem o papel deles. Isso não tem nada a ver com você. A você foi dado o papel de filha, e você deve desempenhá-lo bem. Você só tem como dar conta do seu lado da relação. E isso basta.

Cumpra seus deveres de filha, ainda que seus pais não cumpram os deveres de pais para com você. Em última análise, são eles que saem perdendo. Eles estão causando danos apenas a si por não viverem em harmonia com a natureza. Se eles o magoam, eles pagam o preço de uma forma ou de outra. Pode ser que você não enxergue isso agora, mas ao não cumprir seus deveres, eles perdem alguma coisa. "Nenhum indivíduo é mau sem sofrer perdas", diz Epiteto.

Mas se você tentar magoar seus pais em retaliações, então você não estará cumprindo seus deveres como filha e, como consequência, vai se machucar. Você perde parte do seu caráter — o caráter gentil, paciente e digno.

Entende? Não. A perda de caráter não é acompanhada por uma doença ou pela perda de bens. Não dá para palpar o que foi perdido — seu caráter gentil, paciente e digno.

Essa é uma ideia estoica clássica: desempenhe bem o seu papel sendo o melhor que puder, concentrando-se naquilo que você controla e, por fim, sendo uma boa pessoa.

"Reflita sobre os outros papéis sociais que você desempenha", aconselha Epiteto. "Se você for um servidor público, pense no que um servidor deve fazer. Se você for jovem, pense no que significa ser jovem, se você for velho, pense no que implica a idade, se você for pai, o que significa este papel? Cada um de nossos títulos, quando refletido, sugere as ações adequadas a ele."

Desempenhe bem seus papéis, ainda que os outros não façam a mesma coisa.

NRL: ....
....
....
....
....
....

Exercício 14.
Elimine o não essencial

"Muito do que falamos e fazemos não é essencial. Se você for capaz de eliminar tais coisas, terá mais tempo e mais tranquilidade. Pergunte-se em todos os momentos: 'Isto é necessário?' Mas precisamos eliminar hipóteses desnecessárias também, para eliminar as ações desnecessárias que se seguem." *Marco Aurélio*

Uma certeza é que o momento seguinte nunca é garantido. E ainda assim, muitas pessoas gastam seus dias com coisas de pouco valor, vagando sem rumo para uma direção nebulosa, fazendo de forma impensada aquelas coisas que não exigem esforço — assistir à Netflix por horas a fio, bater papo com colegas de trabalho ou acompanhar as notícias mais recentes das celebridades que adoramos.

Não prestamos atenção aos grãos de areia que escorrem pela ampulheta da nossa vida. Fazemos escolhas aleatórias sem objetivo algum, até que nos perguntamos onde foi parar o nosso tempo.

Não deixemos isso acontecer. Em vez disso, vamos parar de nos dedicar a ações aleatórias. "Mesmo a menor coisa deve ser feita voltada a um fim", diz Marco Aurélio. Como aspirantes a estoicos, devemos escolher nossas ações com sabedoria, gastando nossos grãos de areia no que é importante — e sem desperdiçar nossas vidas com trivialidades.

Vamos banir o que não é essencial de uma vez por todas. E vamos nos concentrar no essencial. Essa capacidade de cortar o irrelevante e de se concentrar nas coisas que importam é muitíssimo potente. Descubra por si só o quanto mais você pode realizar se desbravar a selva da insignificância e se concentrar na fonte do que de fato importa.

"Se você busca tranquilidade, faça menos... faça o essencial." Isso trará dupla satisfação, diz Marco Aurélio, "fazer menos, e melhor".

Pergunte a si: "Quais são as coisas mais importantes na minha vida?"

Uma vez que identificá-las, você precisa priorizá-las. E eliminar o que não faz parte da lista. Isso lhe dará tempo e tranquilidade. Assim como todo mundo, você tem 24 horas para usar num dia. E você escolhe como passar essas horas.

O Sábio estoico encontra clareza no essencial e sempre vai se concentrar nisso. Ele está bem ciente de que, a cada segundo, os grãos de areia escorrem pela ampulheta e jamais poderão fazer o trajeto inverso.

NRL: ....
....
....
....
....
....
....

Exercício 15.
Esqueça a fama

"As pessoas que se entusiasmam com a fama póstuma se esquecem de que as pessoas que se lembram delas também morrerão em breve. E, por sua vez, também aquelas que virão a seguir. Até que a lembrança que as envolve, passada de um indivíduo a outro como a chama de uma vela, que se esgota e se apaga." ***Marco Aurélio***

Nossa vida fica melhor se formos indiferentes à fama e ao status social. Afinal de contas, isso não está sob nosso controle.

O que os outros pensam de nós? Não depende de nós. Não devemos confundir o sucesso externo com aquilo que é verdadeiramente valioso — paciência, confiança, autocontrole, perdão, perseverança, coragem e razão.

Ao buscar status social, damos a outras pessoas poder sobre nós. E aí começamos a sentir necessidade de agir de maneira calculada para que elas nos admirem, e nos abstemos de fazer coisas para não sermos reprovados por elas. Ao buscar a fama, nós nos escravizamos.

Em vez disso, vamos nos concentrar naquilo sob nosso controle — nosso comportamento voluntário. O que verdadeiramente importa é sermos o melhor que podemos ser. Manifestando nosso eu superior em todos os momentos. Não devemos buscar agradecimento ou reconhecimento por fazer a coisa certa; fazer a coisa certa é a recompensa propriamente dita.

"Quando você fez o bem e outro se beneficiou disso, por que, como um tolo, você busca uma terceira coisa que suplante tudo?", questiona Marco Aurélio. Em vez de vincular nosso bem-estar ao que os outros pensam, devemos vinculá-lo às nossas ações. Pois isso é tudo o que podemos controlar.

Seu caráter e seu comportamento são o que realmente importa. Dessa forma, você vai fazer o que é certo, e não o que agrada aos outros. E frequentemente, essas são coisas que se diferem muito entre si. Satisfaça-se sendo seu melhor. Esqueça a busca pela fama e pelos aplausos, concentre-se em seu comportamento virtuoso: agindo com razão, coragem, justiça e autodisciplina.

A fama pode até vir como um bônus por você ser uma boa pessoa. Mas não faça isso pela fama — é duvidoso, efêmero e supérfluo, conforme mencionado por Marco Aurélio: "Pense nas vidas vividas uma vez por outrem, há muito, e nas vidas vividas por outros depois de você, nas vidas vividas até mesmo agora, em terras estrangeiras. Quantas pessoas sequer sabem o seu nome. Quantas logo esquecerão você. Quantas lhe oferecem elogios agora — e amanhã, talvez, desprezo. Ser lembrado não tem valor algum. Assim como a fama. Assim como tudo."

As coisas quase mudam quando você olha para elas, e então serão esquecidas.

Sejamos indiferentes ao que os outros pensam de nós. Desprezemos a aprovação deles, assim como a reprovação. E concentremo-nos em nosso poder — que repousa em nossas ações bem-intencionadas. Fazer a coisa certa é a recompensa. Encontremos satisfação nisso.

NRL: ....

Exercício 16.
Seja minimalista

"Não é insano e o desvario mais louco desejar tanto, sendo que você é capaz de reter tão pouco?" *Sêneca*

Para que servem as roupas? Musônio Rufo aconselha que nos vistamos para proteger nossos corpos, não para impressionar outras pessoas. Busque o necessário, não o extravagante. O mesmo vale para nossa moradia e mobiliário. Devem ser funcionais e fazer pouco mais do que proteger do calor, do frio, e nos abrigar do sol e do vento.

Sêneca também diz que não faz diferença se a casa é feita de relva ou de mármore importado: "O que você precisa entender é que o telhado de sapê e o telhado de ouro tornam uma pessoa igualmente boa."

Os estoicos preferem um estilo de vida simples — que se adapta às nossas necessidades. E devemos ter em mente que as coisas materiais são indiferentes, o que de fato importa é como lidamos com elas. Para começar, não devemos nos apegar ao que pode ser tirado de nós. Como Marco Aurélio nos lembra: "Receba sem orgulho, deixe que se vá sem apego".

Não devemos acumular coisas. A maioria delas é inútil e supérflua. Costumamos encarar as coisas baratas ou os presentes como se fossem de graça, mas eles nos custam muito caro. Sêneca afirma que há um custo oculto em tanto acúmulo.

Mais nem sempre significa melhor. O grátis nem sempre é grátis.

E uma vez que degustamos do luxo, desejaremos ainda mais. No entanto, adquirir mais coisas não vai nos deixar felizes, por isso, sempre vamos querer mais e mais para saciar essa sede. Porém, como observa Epiteto: "A liberdade não é alcançada pela satisfação do desejo, mas pela eliminação dele".

A verdadeira riqueza está em querer menos. "Nenhuma pessoa tem o poder de ter tudo o que quer", diz Sêneca, "mas está em seu poder não querer o que não tem, e fazer bom uso do que tem." Nosso objetivo deve ser "buscar riquezas, não a partir da fortuna, mas a partir de nós mesmos".

Tenhamos em mente que viver de acordo com valores como respeito mútuo, confiabilidade e autocontrole é mais valioso do que adquirir riqueza material ou sucesso externo. Jamais devemos comprometer nosso caráter para nos tornarmos ricos. Ser uma boa pessoa é o maior bem que existe. E é o que basta para se ter uma vida feliz e gratificante.

Mas e se você for rico, tal como Sêneca e Marco Aurélio eram? Em primeiro lugar, a riqueza deve vir acompanhada de honra, e também ser gasta com honra, diz Sêneca, e acrescenta: "Nem o sábio se considera indigno de qualquer uma das dádivas do Destino. Ele não ama as riquezas, mas as prefere; ele não as recebe em seu coração, mas em seu lar; ele não rejeita as riquezas que possui, mas as mantém para prover substância mais plena ao exercício de sua virtude".

A riqueza geralmente vem como um bônus se agirmos bem e manifestarmos nosso eu superior. E se assim for, então devemos aceitá-la sem orgulho, mas também sem nos apegar. É bom ser rico, e você pode se divertir muito, mas também deve estar preparado para abrir mão da riqueza. Se você tem ou não tem, não deve fazer diferença. Sêneca ainda diz o seguinte: "A influência da riqueza sobre a pessoa sábia... é como um vento favorável que empurra o marinheiro em seu curso".

A ideia é poder desfrutar de alguma coisa e ao mesmo tempo ser indiferente a ela. Portanto, aceite o tal vento favorável caso o consiga, mas seja indiferente ou até mesmo feliz se porventura não o conseguir. Em última análise, a realidade é boa como é — ventos favoráveis e tempestades são equivalentes.

"A filosofia estoica clama por uma vida simples, mas não exige a penitência", diz o escritor William Irvine. Não pede para renunciar à riqueza. Mas pede, no entanto, para que o usufruto dela seja feito com cautela, e que tenhamos em mente que é só um empréstimo do Destino e que pode ser retirada a qualquer momento.

(Uma observação: os filósofos estoicos não tinham a mesma opinião sobre este assunto: Musônio Rufo e Epiteto achavam que a vida luxuosa deveria ser totalmente evitada porque nos corrompe, enquanto Sêneca e Marco Aurélio achavam que era possível viver em um palácio sem ser corrompido.)

NRL: ....
....
....
....
....
....
....

Exercício 17.
Recupere seu tempo: corte notícias e outras perdas de tempo

"É essencial que você se lembre de que a atenção dispensada a qualquer ação deve ser na devida proporção ao seu valor, pois assim você não se cansará e desistirá se não estiver se ocupando com coisas menores além do permitido."
Marco Aurélio

Não se pode recuperar o tempo. Uma vez que o grão de areia escorre pela ampulheta da nossa vida, ele se foi para sempre.

Apesar de seu valor, as pessoas cedem seu tempo livremente a transeuntes, a telas de qualquer tipo e a outras atividades não essenciais. "Somos sovinas com bens e dinheiro", diz Sêneca, "e ainda assim pensamos pouco na perda de tempo, a única coisa sobre a qual todos nós deveríamos ser avarentos."

Não percamos nosso tempo com coisas que não importam, pois quanto mais tempo gastamos em alguma coisa, mais importância damos a ela. Ao mesmo tempo, o que realmente importa — família, amigos, compromissos, a manifestação do seu eu superior — acabam se tornando menos importantes porque gastamos menos tempo com eles.

Ao gastar tempo em alguma coisa, você está dando importância a ela.

Por isso devemos estar cientes de onde estamos depositando nosso tempo. A maneira mais simples de descobrir? Meça o seu tempo, ora!

É necessário definir prioridades e gastar a maior parte do nosso tempo com aquilo que realmente importa. Precisamos dizer *não* às coisas não essenciais. Devemos abrir mão daquelas coisas que estivemos fazendo durante muito tempo, das quais estivemos inconscientes de que nem valem tanto assim. Só porque passamos a vida inteira fazendo algo, não significa que ele seja necessário. Ouça Sêneca: "Só depois que começamos a tirá-las de nossas vidas, percebemos como muitas coisas são desnecessárias. Fazemos uso delas não porque eram necessárias, mas porque se faziam presentes... Uma das causas dos problemas que nos cercam é a maneira como nossas vidas são guiadas pelo exemplo de terceiros; em vez de sermos corrigidos pela razão, somos seduzidos pela convenção."

Recorra à razão em vez de à convenção para escolher em que gastar seu tempo. A primeira coisa a cortar são os noticiários sensacionalistas. "Só existe um caminho para a felicidade", diz Epiteto, "e esse caminho é parar de nos preocupar com coisas que estão além do poder da nossa vontade." Noticiários sensacionalistas normalmente envolvem preocupação com coisas fora do nosso controle. Se você quer progredir como pessoa, deve manter-se informado, mas sem ceder ao sensacionalismo barato que inunda os jornais. Temos apenas uma quantidade limitada de tempo e energia, e um aspirante a estoico não escolhe gastá-las acompanhando esse tipo de informação.

"Se você deseja melhorar, contente-se em parecer um ignorante ou estúpido em assuntos extrínsecos — não fique querendo bancar o bem-informado." Epiteto nos lembra de que não há problema em parecer ignorante em assuntos não essenciais, como o escândalo mais recente de alguma celebridade ou qual time venceu o Super Bowl.

Olha, a mídia divulga tudo como superimportante. Mas o que é escândalo hoje estará fora da cobertura de amanhã... Esteja ciente de que nem toda manchete é importante, não se ganha quase nada. Pelo contrário, corremos o risco de perder nosso tempo, conforme observa Sêneca: "Não é que tenhamos pouco tempo para viver, mas desperdiçamos muito dele. A vida é longeva o bastante, e uma quantia suficientemente generosa nos foi dada para maiores realizações, se tudo fosse bem investido. Mas quando é desperdiçado em luxo estouvado e gasto em nenhuma atividade boa, somos obrigados finalmente, pela restrição final da morte, a perceber que passou antes que nós déssemos conta de que estava passando".

Não deixe que isso aconteça. Escolha ativamente onde gastar seu tempo e energia. Não são apenas as notícias que estão roubando seu tempo; há outros "desperdiçadores" de tempo igualmente perigosos.

Videogames, séries de tv, vídeos engraçadinhos e outras atividades superficiais são os mais comuns. Todos nos entregamos a isso; mas atente-se que os estoicos não pedem para findarmos completamente atividades afins, apenas para ficarmos cientes do tempo que está passando e gastá-lo com atenção plena.

Certifique-se de que você não vai ser um idoso cuja única evidência de vida longeva são os cabelos brancos e a idade avançada. Recupere seu tempo e proteja-o como uma mãe protege seu filho. Concentre-se nas coisas que importam e pare de perder tempo com coisas irrelevantes.

Sêneca tem as últimas palavras sobre o assunto: "Mesmo se você tivesse uma boa quantidade de vida pela frente, teria de organizá-la muito economicamente para ter o suficiente para as coisas necessárias; do jeito que as coisas estão, não é o cúmulo da tolice aprender coisas secundárias quando o tempo é tão desesperadoramente curto?!"

NRL: ....
....
....
....
....

Exercício 18.
Vença no que importa

"Você está conquistando simpatia em um emprego em que é difícil evitar a má vontade; mas creia, é melhor compreender o balancete da própria vida do que o comércio de milho." ***Sêneca***

Seu sogro havia perdido o cargo de comando no celeiro de Roma quando Sêneca lhe enviou o lembrete acima dizendo que não era tão ruim assim.

Quem se importa?, diz Sêneca, agora seu sogro pode dispensar tempo ao que é realmente importante: "O amor e a prática das virtudes, o esquecimento das paixões, o conhecimento de como viver e morrer, e uma vida de profunda tranquilidade".

É mais importante compreender o balancete da própria vida do que o do mercado de milho, do mercado de ações ou do nosso escritório.

Mas o que acabamos fazendo? Investimos o tempo útil na melhoria das questões necessárias para nossos (futuros) empregos, e nosso tempo de lazer em atividades estúpidas para trazer entorpecimento.

Tornamo-nos especialistas em séries de fantasia, videogames, esportes, notícias de celebridades e empregos que não requerem muito esforço — sem nos dar conta de que nenhuma dessas coisas vai nos ensinar a ouvir nossos amigos, a nos tornar autodisciplinados e a saber lidar com a raiva ou o luto.

Confundimos melhorar nas coisas com aprender a viver e aprender a ser uma boa pessoa.

"No final do seu período neste planeta", pergunta Ryan Holiday a você, "que tipo de experiência será mais valiosa: sua compreensão das questões de vida e morte ou o placar daquele campeonato de futebol? O que vai ser mais útil a seus filhos: sua compreensão sobre a felicidade e seu significado, ou as notícias políticas que você acompanhou diariamente nos últimos trinta anos?"

Uau, certo? É bem nítido o que vale mais aí. Então vamos usar esse entendimento, definir as prioridades e garantir que vamos investir no que realmente importa.

Não há aprendizado mais difícil do que o da vida, diz Sêneca. É hora de botar a mão na massa. Esqueça essa ideia de gabaritar nas provas, de subir na carreira e de aprender tudo sobre criptomoedas — qual é o sentido de vencer nessas coisas, mas perder no jogo de ser uma boa mãe, irmã e amiga?

Olha, definitivamente há tempo e espaço para tudo isso, mas não ao custo de se melhorar como pessoa. E é isto que decidimos ser mais valioso aqui.

Não inveje os colegas que brilham no escritório, pois o sucesso deles lhes custa a vida. O pai que trabalha oitenta horas por semana pode ser um herói no trabalho, mas provavelmente negligencia seu cônjuge, o filho e a saúde.

"Bem-sucedido" é um termo amplo. Esse pai pode ter sido o melhor funcionário nos últimos três meses, mas nesse período ele negligenciou sua esposa, nunca assistiu aos jogos de futebol de seu filho e passou o tempo todo de mau humor devido à privação de sono.

Mais uma vez, qual é o sentido de vencer na carreira, mas perder no esforço de ser um bom marido e pai?

Vamos melhorar no que interessa. Vamos aprender a lidar com pensamentos depressivos, a ser um bom ouvinte, a manter a calma diante da adversidade e a ser um bom cônjuge, pai e amigo.

Essa é a nossa transformação interna que ninguém perscruta. E é muito mais importante do que a transformação externa superficial. A pessoa que você é no seu íntimo é muito mais importante do que aquela que as pessoas acreditam que você seja.

Seu bem mais valioso é o seu caráter.

É isso que vai ajudar você a vencer no que importa.

NRL: ....
....
....
....
....
....
....
....

Exercício 19.
Torne-se um eterno aprendiz

"Lazer sem estudo é a morte —uma tumba para a pessoa viva." **Sêneca**

Como aspirante a filósofo estoico, você é, por definição, um amante da sabedoria. Você adora aprender a como viver — você é um caçador de sabedoria.

Lembre-se de que os estoicos se enxergavam como autênticos *guerreiros mentais* — na arte de aprender a viver e, o mais importante, de colocar a aprendizagem em prática. Epiteto ensinou seus alunos a contemplar suas vidas como se estivessem em uma festividade — a festividade da vida.

Essa metáfora transmite um sentimento de gratidão pela vida porque é um lembrete de que ela logo chegará ao fim. Além disso, ver a vida como uma festividade nos ajuda a encarar a turbulência que ela traz de forma mais imparcial — como uma festa lotada e caótica.

Agora, como filósofos, devemos estudar a festa antes de ir embora dela, e absorver o máximo de conhecimento possível. É nosso dever progredir à medida que a festa avança. Dia após dia. Como diz Sêneca, "lazer sem estudo é morte".

"Certifique-se de aproveitar seu relaxamento como faz o poeta — não ociosamente, mas ativamente, observando o mundo ao redor, sorvendo tudo, compreendendo melhor seu lugar no universo", como coloca Ryan Holiday. "Tire um dia de folga do trabalho de vez em quando, mas não tire folga do aprendizado."

Não devemos deixar somente o tempo remanescente para o aprendizado, e sim reservar tempo para isso deliberadamente. É para isso que estamos aqui. Para buscarmos sabedoria a fim de melhorarmos a nós mesmos, para nos tornarmos evoluídos, para aprendermos como ser um bom genitor, cônjuge e amigo.

"O valor da educação (conhecimento), assim como o do ouro, é estimado em todos os lugares", diz Epiteto.

Não recorra às desculpas esfarrapadas. Hoje, é mais fácil do que nunca aprender algo novo todos os dias. A sabedoria é abundante em toda a internet. Muitos livros são baratos e são entregues na sua poltrona. Podemos aprender com as pessoas mais inteligentes a como passar por este mundo — e por apenas alguns trocados.

Como alguém que estuda avidamente, tenha em mente duas coisas:

1. **Seja humilde:** Como Epiteto nos ensina: "É impossível aprender o que se pensa que já sabe". E Marco Aurélio acrescenta: "Se alguém puder provar e me mostrar que penso e ajo equivocadamente, terei prazer em mudar, pois busco a verdade".
2. **Coloque em prática:** não se satisfaça com o mero aprendizado, Epiteto nos avisa: "Com o passar do tempo, esquecemos e acabamos fazendo o oposto". Como guerreiros mentais, devemos sair por aí e de fato exercer o que aprendemos.

NRL: ....
....
....
....

Exercício 20.
Como tem sido a sua vida?

"Ninguém valoriza o tempo; todo mundo o gasta extravagantemente, como se fosse de graça. Mas veja como essas mesmas pessoas fazem apelos aos médicos se adoecem e o perigo de morte é iminente (...) E embora seja fácil administrar algo quando a quantia é conhecida, ainda que seja pequena, você deve guardar o que tem com mais cuidado se não sabe quando pode findar." **Sêneca**

Esquecemos que somos mortais.

Vivemos como se fôssemos viver para sempre. Até percebermos que não vamos. E é aí que desejamos ter começado antes a viver plenamente.

As pessoas estão preparadas para dar tudo o que têm para continuarem vivas. Mas quando estão vivas, perdem seu tempo, inconscientes de que vai findar a qualquer momento.

"Você está vivendo como se estivesse destinado a viver para sempre, sua própria fragilidade nunca lhe ocorre; você não percebe quanto tempo já passou, mas desperdiça-o como se tivesse um estoque lotado e transbordando — embora, durante todo o tempo, esse dia que você está dedicando a algo ou a alguém possa ser o último. Você age como mortal ante tudo o que teme, e como imortal ante tudo o que deseja."

Esta última frase, de que agimos como mortais com tudo o que tememos e como imortais com tudo o que desejamos, tem sido muito válida para mim.

Sou considerada uma pessoa que corre muitos riscos. Montei um negócio, larguei um emprego estável, vendi tudo, mudei-me para o exterior para tentar escrever um livro.

E ainda assim, sinto que o medo fica me segurando. E ainda sinto que haverá tempo suficiente para as coisas que eu realmente desejo fazer. Acho que isso é tipicamente humano.

Mas quando tomamos consciência disso, quando nos damos conta dessa tendência de nos comportarmos como se fôssemos viver para sempre, podemos nos lembrar da nossa mortalidade, podemos contra-atacar, e até mesmo fazer o que tememos e nos certificar de estarmos preenchendo nossos anos com experiências grandiosas propositadamente.

Não se trata de *não* jogar videogame, de *não* assistir à TV, de *não* trabalhar em período integral — tem mais a ver com a consciência e a determinação que depositamos nessas coisas. Ainda podemos escolher fazer o que acharmos merecer o gasto do nosso tempo.

No entanto, vamos nos perguntar: gastamos nosso tempo com o que achamos que é certo? Ou vamos ser aquela pessoa que vai ficar implorando ao médico, disposta a dar tudo o tem por mais alguns meses de vida?

Vamos ser aquela pessoa que não está pronta para morrer quando chegar a hora? Que pensa que há muito mais coisas que gostaria de fazer na vida? Tomada pelo arrependimento devido ao que não foi feito?

Se você fizer um retrospecto da sua vida agora, você viveu o suficiente? Como tem sido a sua vida? O que mais você quer experimentar? Quem você quer ser neste mundo?

Quero ter certeza de que vou poder olhar para trás e dizer: "Sim, eu aproveitei ao máximo. Eu vivi bem. Saboreei cada gota da minha vida." Não se trata de troféus e status social, mas de progredir como pessoa, crescer e se tornar um ser humano maduro, prosperar em valores profundos como calma, paciência, justeza, bondade, perseverança, humor, coragem e autodisciplina.

O melhor *eu* possível que consigo enxergar na minha cabeça —quero passar meus dias vivendo de acordo com esse ideal, tentando ser o melhor possível, para chegar o mais perto que puder desse vislumbre.

Quero fazer o melhor com minhas horas de vigília. Estar muito ciente de que a vida pode ser tirada de mim num piscar de olhos.

Os estoicos dizem que o importante não é o *quanto* você vive, mas sim *como* você vive. Como Catão, o Jovem, disse lindamente: "O valor da boa saúde é julgado por sua duração, o valor da virtude é julgado por sua maturidade".

"É possível", acrescenta Sêneca, "que uma pessoa que teve uma vida longeva tenha vivido muito pouco."

Vamos nos certificar de que estamos gastando nosso tempo com sabedoria, para que assim possamos olhar para trás com um sorriso de contentamento em vez de um suspiro de arrependimento.

NRL: ....
....
....
....
....
....
....

Exercício 21.
Faça o que tem que ser feito

"Nas manhãs em que você luta para se levantar, tenha este pensamento em mente: estou despertando para o trabalho de um ser humano. Por que, então, estou chateado por fazer o que fui moldado para fazer, as coisas exatas para as quais fui colocado neste mundo? Ou fui feito para isso, para me aconchegar sob as cobertas e me manter aquecido? É tão prazeroso. Você foi então feito para o prazer? Em suma, para ser mimado ou para se esforçar?"
Marco Aurélio

Mesmo Marco Aurélio, aquele que está nos ensinando tanta coisa, muitas vezes tinha dificuldade para se levantar pela manhã. Até ele procrastinava. Nem ele estava disposto o tempo todo.

Mas ele dava um jeito. E se obrigava a fazer o que fosse necessário.

Não nascemos para o prazer, diz ele. Basta olhar para as plantas, pássaros, formigas, aranhas e abelhas — eles cumprem suas respectivas tarefas. Você os ouve resmungando e reclamando? Não, eles fazem o que fazem, da melhor maneira possível. Dia sim, dia também.

Mas nós, seres humanos, não estamos dispostos a cumprir nossa função? Ficamos de preguiça. Desmotivados. Morosos. Certamente há tempo para se dormir e descansar, mas há limite para isso. "E você ultrapassou o limite", lembra-se Marco Aurélio. Mas ele não cumpriu seu trabalho. Ainda está abaixo de sua cota.

E nós também. É hora de levantar e fazer o que tem que ser feito. Não vamos viver para sempre, como Sêneca nos lembra: "Como é tarde começar a viver de verdade justamente quando a vida deve findar! Como é estúpido esquecer nossa mortalidade e adiar planos sensatos para os nossos cinquenta e sessenta anos, visando começar a vida de um ponto a que poucos chegaram!"

"Adiar as coisas é o maior desperdício de vida", diz Sêneca, "um pedaço dela é arrebatado a cada dia que passa, e nos nega o presente ao prometer o futuro. O maior obstáculo para a vida é a expectativa, que se pendura no amanhã e perde o hoje. Você está planejando algo que está sob o controle do Destino e abandonando o que está sob o seu controle... Todo o futuro repousa na incerteza: viva imediatamente."

Então vivamos imediatamente e não procrastinemos mais.

"Basta dessa vida tristonha e lamuriosa. Pare de macaquear por aí!" Marco Aurélio nos mostra como assumir a responsabilidade por nossas vidas. Ele quer estar ao leme. Como imperador, precisa que as coisas sejam feitas.

E nós somos imperadores também. Imperadores de nossas vidas! Sabemos inerentemente o que fazer, só que simplesmente não temos vontade. Algo dentro de nós nos segura. Devemos ter em mente, porém, que aqueles que fazem o que precisa ser feito, quer tenham vontade ou não, são os bem-sucedidos entre nós.

Eles sabem que são responsáveis por sua prosperidade e escolhem sofrer um tiquinho todos os dias, em vez de muito, toda vez que percebem que não estão fazendo progresso.

Isso se chama autodisciplina. Isso é lidar de forma eficaz com os sentimentos negativos que tentam nos deter.

Reconheça a resistência interna e faça mesmo assim. Você é forte o suficiente para se levantar de manhã, mesmo estando cansado. Você é disciplinado o suficiente para resistir àquele biscoitinho, mesmo quando atraído. Você é corajoso o suficiente para auxiliar um desconhecido, mesmo quando sente medo.

É hora de ser a pessoa que você deseja ser. Hoje, não amanhã.

Ao final do dia, ganhamos o que merecemos.

Pare de macaquear por aí, viva imediatamente!

NRL: ....

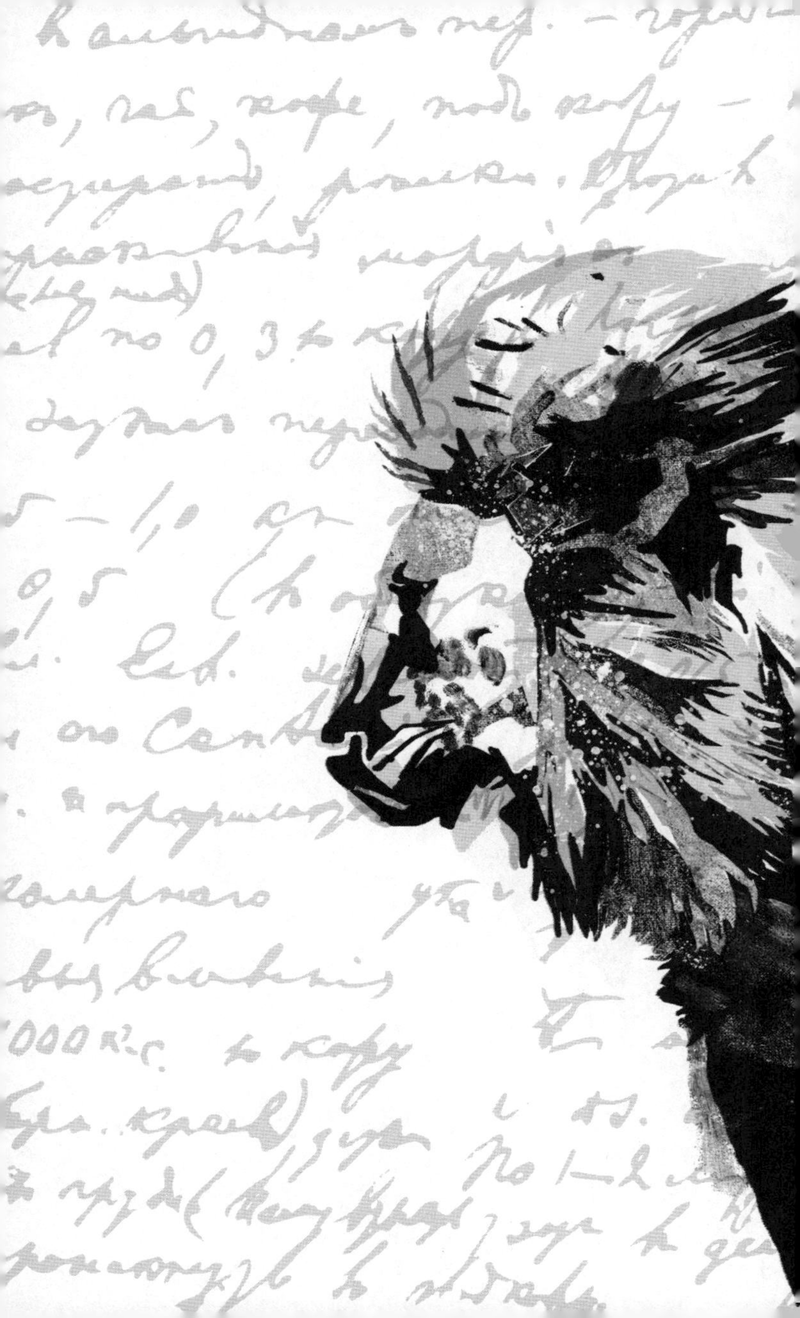

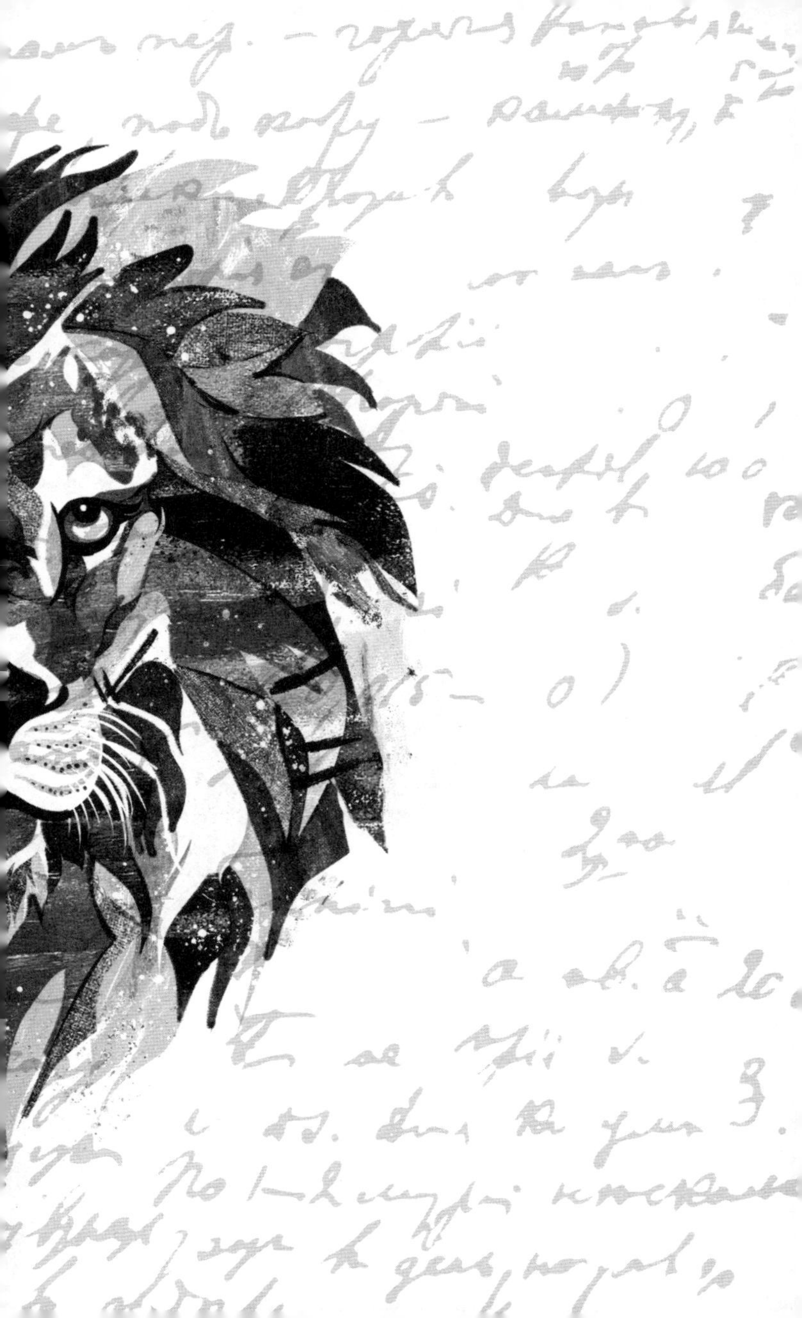

EXERCÍCIOS SITUACIONAIS
seja paciente

Quando a vida está indo bem, é fácil viver de acordo com os princípios estoicos. É quando a vida te enche de pancadas que a coisa complica. Como disse Mike Tyson: "Todo mundo tem um plano, até levar um soco na cara".

Como aprendizes estoicos, é exatamente nesses momentos que precisamos manter a calma e escolher a reação mais inteligente. Lembre-se: nos perturbamos não pelo acontecimento em si, mas pela nossa interpretação dele.

A vida é feita para ser desafiadora e vai jogar um monte de coisas desagradáveis no seu colo:

- Você vai perder o que ama
- Você vai adoecer
- Você vai enfrentar decisões cruciais
- Sua caneca favorita vai se quebrar
- Você vai ficar deprimido sem motivo aparente
- O mundo vai parecer estar contra você

A vida fica difícil. As práticas e estratégias a seguir vão ajudar a lidar com isso de forma eficaz.

Exercício 22.
Seu julgamento é um veneno

"Se alguma coisa externa lhe causa angústia, não é a coisa em si que o perturba, mas seu julgamento a respeito. E isso você pode e tem o poder de eliminar agora." *Marco Aurélio*

Você não fica perturbado pelo que acontece, e sim por sua opinião a respeito do acontecimento. Esse é um princípio estoico clássico. Seu incômodo mental vem devido à rotulação de um evento externo como indesejável ou ruim, algo que se manifesta frequentemente na forma de lamentações, resmungos e reclamações.

Tenha em mente: nada além de opinião é a causa de uma mente perturbada.

O dano não vem do acontecimento — de uma pessoa irritante ou de uma situação chata —, mas de sua reação a ele. O dano vem de sua crença sobre o evento. Então, quando alguém irrita você, não é essa pessoa que está fazendo isso, e sim sua interpretação do ato dela.

O combustível dos sentimentos negativos é a sua opinião. Sua reação é que decide se o dano ocorreu ou não. Marco Aurélio diz que precisa ser assim porque, de outro modo, outras pessoas deteriam grande poder sobre você. E isso não está nas intenções do universo. Só você tem acesso à sua mente, só você pode estragar a sua vida.

Assuma responsabilidade. Eu poderia escrever aqui que você é um idiota que se daria mal independentemente do que acontecesse. Mas eu não tenho esse poder sobre você. Se você se magoar com minhas palavras, é a sua interpretação, e não as minhas palavras, o que causa a dor.

Se pensarmos bem, é uma loucura: a interpretação de um comentário tem um poder tão imenso! É a diferença entre um rosto marcado por um sorriso ou ensopado pelas lágrimas. Você basicamente tem o poder de ser incitado por xingamentos, e se você interpretar as palavras de maneira positiva, vai retirar o poder delas.

É o seu julgamento que causa a mágoa. E é o seu julgamento que traz o fortalecimento. Lembro-me de uma fala de um astro do futebol: "O que me motiva são os assobios e as vaias dos torcedores adversários toda vez que estou em posse da bola". Ao passo que outro jogador pode se contundir e perder o foco, este é alimentado pelo estímulo externo.

Agora, da próxima vez que você for incomodado por alguma coisa, lembre-se de que é o seu julgamento sobre a situação que incita a inconveniência. Tente tirar o julgamento de cena, e a mágoa também desaparecerá. Não julgue o acontecimento como bom ou ruim, apenas aceite-o como é — e você não será prejudicado.

É a sua reação que mostra se você foi ferido ou não. Como diz Marco Aurélio: "Escolha não ser prejudicado — e você não se sentirá prejudicado. Não se sinta prejudicado — e você não será prejudicado."

Obviamente não é fácil, mas é bom conhecer essa possibilidade mesmo assim.

Apenas tente: não lamente, não resmungue, não reclame.

NRL: ....
....
....
....

Exercício 23.
Como lidar com o luto

"É melhor subjugar a dor do que enganá-la."
Sêneca

Há alguns anos, um amigo meu cometeu suicídio. Ainda é difícil de compreender, mas superei a dor que me acompanhou por muito tempo. Pode ser que você conheça esse sentimento.

Os estoicos são estereotipados como supressores de suas emoções, mas isso é um equívoco. A filosofia deles, na verdade, tem a intenção de lidar com as emoções imediatamente, em vez de fugir delas.

Fugir é difícil de qualquer forma, porque é inevitável, por exemplo, sentir tristeza quando ficamos sabendo da morte repentina de um ente querido. Isso é um reflexo emocional. "A natureza exige de nós alguma tristeza", diz Sêneca. E acrescenta que, "mais do que isso, é fruto da vaidade".

Sentir ao menos um pouco de pesar é necessário. O luto na dose adequada, de acordo com Sêneca, é quando nossa razão "é capaz de manter um meio-termo que não vai tomar como modelo nem a indiferença nem a loucura, e vai nos manter num estado que é o escopo de uma mente afeiçoada, e não desequilibrada".

Devemos deixar as lágrimas rolarem, mas também permitir que cessem. E podemos suspirar profundamente, desde que paremos em algum momento. Porque em algum momento as consequências do luto serão mais prejudiciais do que aquilo que inicialmente o despertou, diz Marco Aurélio.

Como dizem, se você se flagrar em um buraco, pare de cavar. Enfrente a emoção e saia do buraco, senão, em algum momento, o sentimento negativo começará a se retroalimentar, como um círculo vicioso. Você vai ficar se sentindo mal por ainda estar aflito, e aí se sentirá pior por não conseguir sair dessa e assim por diante. E desse jeito continuará a cavar e jamais deixará o buraco.

Uma coisa que podemos fazer é pensar em como estaríamos piores se nunca tivéssemos sido capazes de desfrutar da companhia da pessoa que faleceu. Em vez de lamentar pelo fim da vida dela, agradeça pelos momentos que viveram juntos. Isso pode até causar uma ponta de tristeza, mas despertará um sentimento de gratidão.

Para Sêneca, a melhor arma contra o luto é a razão, porque "a menos que a razão ponha fim às nossas lágrimas, o destino não o fará".

Por exemplo, a pessoa pela qual você sofre, será que ela gostaria de ver você se torturando com tantas lágrimas? Se sim, então ela não é digna das suas lágrimas, e você deve parar de chorar imediatamente. Se não, e se você a ama e a respeita, então pare de chorar.

Lembre-se também de que as coisas não acontecem porque são um complô contra você. Então acabe com essa sensação de que foi injustiçado. Não foi. O universo não está contra você.

Isso é terrivelmente difícil em momentos de grande tristeza, mas de fato não é racional ficar se lamentando durante muito tempo. A vida continua. Além disso, como estudiosos estoicos, já nos preparamos para acontecimentos assim nos exercícios de visualização negativa (Exercício 7) e contemplando a impermanência das coisas (Exercício 4).

O que fazer quando os outros estão enlutados?

Epiteto diz que devemos ter cuidado para não "pegar" a dor dos outros. Devemos nos solidarizar com a pessoa e, se for o caso, até acompanhá-la nos lamentos. Mas ao fazê-lo, tome cuidado para não se lamentar por dentro.

"Devemos demonstrar nosso luto sem nos permitir experimentar o luto", diz William Irvine. E completa: "Se uma amiga sofre, nosso objetivo deve ser ajudá-la a superar sua tristeza. Se pudermos fazê-lo soltando nossos gemidos insinceros, que seja. Afinal de contas, 'pegar' a dor do outro não vai ajudar, só vai nos ferir."

Mas o gemido não é "insincero" se você reconhece o sentimento e sente junto com a pessoa. Você está tentando ajudar sem se colocar em risco. Não há nada de errado com isso, e quero dizer que você não precisa se acabar de chorar. Basta se fazer presente e deixar sua amiga saber que você a entende, e que não tem problema ela ficar triste.

É como dizem toda vez que você embarca em um avião: "Coloque a máscara de oxigênio primeiro em você, depois ajude a pessoa ao seu lado". Você não tem como ajudar ninguém se estiver morto, e você também não tem como ajudar os outros se estiver tão abalado quanto eles.

NRL: ....
....
....
....
....

Exercício 24.
Escolha a coragem e a calma

"Mantenha esse pensamento à mão quando sentir um acesso de raiva chegando — não é valoroso se enfurecer. Em vez disso, gentileza e civilidade são mais humanos e, portanto, mais valorosos. Um ser humano de verdade não cede espaço à ira e ao descontentamento, e tal pessoa é dotada de força, coragem e resistência — dessemelhante da ira e das queixas. Quanto mais perto uma pessoa chega de uma mente serena, mais próximo ela está da força." *Marco Aurélio*

A raiva é uma *paixão*, uma emoção negativa que os estoicos desejam minimizar. O ensaio de Sêneca *Sobre a ira* é a melhor fonte de conselhos estoicos sobre o assunto.

A raiva, o desejo de retribuir o sofrimento, é uma breve loucura, diz Sêneca. Porque um indivíduo raivoso carece de autocontrole, esquece-se da afinidade para com seus semelhantes, é surdo à razão e aos conselhos, é estimulado por ninharias e não sabe distinguir o verdadeiro do falso — "muito parecido com uma pedra caindo, que se quebra em pedaços sobre a coisa que ela mesma esmaga".

A raiva vai machucar mais a você mesmo. E seu dano é enorme: "Nenhuma praga custou mais à raça humana". É por isso que o melhor plano é rejeitar os primeiros sinais de raiva de pronto e resistir ao seu início. Porque uma vez que nos deixamos levar por ela, a razão não serve para mais nada, e a ira fará o que quiser e será difícil desligá-la.

Embora não possamos controlar nossa reação inicial, se estivermos cientes o suficiente de sua ocorrência, podemos decidir se seguiremos adiante ou não. A raiva, então, é uma forma de julgamento. Interpretamos a situação de forma que possamos decidir que tudo bem sentir raiva.

Mas "para que serve a raiva", pergunta Sêneca, "quando a mesma pode ser ultrapassada pela razão?"

A raiva tende a ser precipitada. A razão é mais confiável porque é ponderada e deliberada. "A razão deseja oferecer uma decisão justa; a raiva deseja que sua decisão seja considerada justa."

"A espada da justiça é incompatível com as mãos de um indivíduo irado."

A raiva é inútil. "Nenhum indivíduo se torna mais corajoso por meio da ira, exceto aquele que jamais teria sido corajoso se não fosse por ela: a raiva, portanto, não vem para ajudar a coragem, mas para tomar seu lugar." É possível encontrar incentivo suficiente sem perder a cabeça — com os valores certos em vigor, como amor, compaixão, justeza e coragem.

Em vez de nos deixarmos guiar por uma raiva perigosa e imprevisível, somos motivados por valores intrínsecos e escolhemos deliberadamente fazer a coisa certa.

"Quando alguém está vagando por nossos campos porque se perdeu, é melhor colocá-lo no caminho certo do que repeli-lo." Sêneca faz essa bela analogia. Ele diz que não devemos perseguir as pessoas que se perderam e se desviaram em suas ações, mas mostrar-lhes o caminho certo. Em vez de reagir à raiva com raiva, é melhor escolher um caminho mais sensível e compassivo, e tentar ajudar.

Em vez de ficar com raiva impulsivamente, respire fundo e escolha deliberadamente ficar calmo. Essa tranquilidade não só roubará a força da raiva, como também vai capacitar você a agir de maneira justa e corajosa. Como diz Marco Aurélio: "Quanto mais perto uma pessoa chega de uma mente serena, mais próxima ela está da força".

Geralmente, não devemos dar às circunstâncias o poder de nos despertar raiva. As circunstâncias não dão a mínima. É como ficar com raiva de algo muito maior do que nós. É como levar para o lado pessoal algo que não se importa conosco. As coisas não acontecem contra nós, elas simplesmente acontecem.

Ficar furioso diante de uma situação não tem impacto algum sobre seu desfecho. Não é capaz de mudá-la, não é capaz de saná-la. Muitas vezes, o que nos enfurece não nos prejudica de fato, e nossa fúria vai durar mais do que o dano em si.

Somos tolos quando permitimos que nossa tranquilidade seja perturbada por ninharias. É por isso que Marco Aurélio recomenda contemplar a impermanência do mundo ao redor. O que nos irrita agora será esquecido amanhã.

Quando você estiver com raiva, diz Sêneca, tome medidas para transformar os sinais de cólera em seus opostos: obrigue-se a relaxar o rosto, respire fundo, suavize a voz e diminua o ritmo de suas passadas — logo, logo seu interior vai acompanhar seu exterior, e você vai relaxar.

Você também pode tentar descrever a situação que causou a raiva da maneira mais desapaixonada e objetiva possível, explica Epiteto. Desse modo, você vai ganhar tempo e poderá enxergar a situação com distanciamento.

E ele diz que devemos ter sempre em mente que não é a situação que nos prejudica, mas nossa interpretação a respeito dela. "Então, quando alguém despertar sua raiva, saiba que na verdade é a sua opinião que está alimentando o sentimento."

Portanto, em vez de ficar irado o tempo todo e de atormentar a vida das pessoas ao seu redor, por que não "tornar-se uma pessoa amada por todos enquanto você é vivo, e de quem sentirão falta quando você partir?", pergunta Sêneca.

NRL: ....
....
....
....

Exercício 25.
Como vencer os medos

> "Ficamos frequentemente mais assustados do que feridos; e sofremos mais com a imaginação do que com a realidade." ***Sêneca***

Muitas vezes, aquilo que tememos não vai acontecer na realidade. Mas nosso medo imaginário tem consequências tangíveis. Ele nos segura, nos paralisa em função de coisas que não são reais.

Os estoicos conhecem os perigos do medo. Mas o dano real daquilo que tememos é muito menor em comparação ao dano causado por nós mesmos, pois sempre estamos tentando nos prevenir cegamente daquilo que nos provoca medo.

A causa principal do medo, diz Sêneca, é que "em vez de nos adaptarmos às circunstâncias presentes, enviamos nossos pensamentos muito adiante". É a projeção sobre algo que não controlamos a responsável por causar uma quantidade nociva de preocupação.

Queremos algo que não está sob nosso controle, como Epiteto explica maravilhosamente: "Quando vejo um indivíduo em estado de ansiedade, digo: 'O que essa pessoa pode querer?' E se ela não quer algo que não está em seu poder, como ainda poderia estar ansiosa? É por isso que aquele que canta acompanhado pela lira não fica ansioso quando ensaia sozinho, e sim quando pisa no palco, mesmo que tenha uma voz muito boa e toque bem: pois não quer somente se apresentar bem, mas também fazer seu nome, e isso está além de seu controle."

Sentimos medo porque queremos aquilo que está para além de nosso poder, ou porque nos apegamos demais a algo cuja manutenção não depende de nós. Ficamos apegados às pessoas que amamos e tememos perdê-las. Ficamos apegados à segurança de um salário estável. E desejamos o que não está em nosso poder decidir.

Devemos parar de nos apegar a coisas externas e a desejos que não estão sob nosso controle, pois a ausência de controle é o que leva ao medo.

Aquele que não deseja nada que fuja ao seu controle não tem como ficar ansioso.

"O indivíduo que prevê a chegada dos problemas os deixa desprovidos de poder assim que chegam", diz Sêneca. É por isso que é tão importante se preparar para o surgimento de situações desafiadoras.

Antever calamidades não é estragar o presente, e sim otimizá-lo. Assim ficamos menos temerosos perante coisas que talvez nunca venham a acontecer. Os estoicos acham que o melhor caminho para a liberdade é encenar mentalmente aquilo que tememos e examinar o desenrolar da situação — até chegarmos ao ponto de enxergá-la com desapego.

A maneira mais comum de lidar com o medo é se escondendo dele e se esforçando para pensar em outra coisa. Mas esta provavelmente é a pior técnica de todas. O medo cresce quando não olhamos para ele.

A maneira adequada de lidar com o que tememos é pensando no assunto de forma racional, calma e frequente — até que se torne familiar. Você vai ficar tão entediado com aquilo que outrora temia, que suas preocupações vão desaparecer. Ao confrontar seus medos, seja na imaginação ou na realidade, você reduz o estresse causado por eles.

Marco Aurélio apresenta mais uma forma de encarar o medo: "Limpe a mente e controle-se e, da mesma forma que faz ao despertar e perceber que era só um pesadelo, acorde e veja que o que há é igual a esses sonhos".

Aquilo que você teme geralmente é fruto da sua imaginação, não da realidade. Você tem medo de alguma coisa não porque a realidade dessa coisa seja ruim, mas porque você acha que a realidade seria ruim. A maioria das pessoas que tem medo de aranhas nunca foi sequer tocada por uma. O que elas temem afinal?

Nosso medo está na imaginação. É como um sonho. Em vez de prosseguir impensadamente, devemos parar e perguntar de maneira racional: "Isso faz sentido?"

Estamos criando pesadelos para nós mesmos. É por isso que devemos acordar e parar com essa loucura. Estamos nos chateando com onirismos. O que causa o medo não é real, mas as consequências são muito reais, e atrapalham. Somos nós que estamos nos segurando.

Olha, você não tem como curar todos os seus medos de uma só vez. Mas se conseguirmos ficar menos apegados às coisas, perceber que o que tememos está apenas em nossa imaginação, e se enfrentarmos nossos temores mesmo na imaginação, então seremos capazes de superar boa parte daquilo que nos assusta. Passo a passo.

NRL: ....

Exercício 26.
A culpa é das expectativas

> "O pepino está amargo? Jogue fora. Há moráceas na estrada? Então desvie delas. É tudo o que você precisa saber. Nada mais. Não exija saber 'por que tais coisas acontecem'. Qualquer um que compreenda o mundo rirá de você, assim como um carpinteiro o faria se você ficasse chocado ao se deparar com serragem em sua oficina, ou um sapateiro, por causa das aparas de couro de seu trabalho."
> *Marco Aurélio*

Ficamos com raiva, tristes ou decepcionados porque a realidade não atende às nossas expectativas. Ficamos surpresos porque as coisas não saem como desejamos.

Quando estiver frustrado, não culpe outras pessoas ou acontecimentos externos, e sim a você mesmo e a suas expectativas irrealistas. Volte seu foco para dentro de si, lembre-se, devemos sempre assumir a responsabilidade.

A única razão pela qual ficamos irritados com ninharias, de acordo com Sêneca, é porque não as esperávamos. "Isso se deve ao amor-próprio excessivo. Concluímos que não devemos ser feridos nem mesmo por nossos inimigos; em nossos corações, todos temos o ponto de vista do rei e estamos dispostos a usar nossa liberdade de ação, mas indispostos a sofrer por isso."

Somos mimados, e esperneamos e berramos como uma criança quando o mundo não se ajoelha para o ponto de vista do nosso reizinho. Concentramo-nos apenas naquilo que achamos que o mundo nos deve e nos esquecemos de sentir gratidão por aquilo que temos a sorte de ter.

Nossas expectativas e desejos super otimistas são os principais motivos da nossa raiva e da nossa frustração. Sendo assim, devemos alinhá-los mais corretamente à realidade, desse modo não sentiremos como se estivéssemos sendo decepcionados pelo mundo. Como já vimos aqui, se desejarmos apenas o que está sob nosso controle, jamais poderemos ser frustrados, independentemente das circunstâncias.

Como aspirantes a estoicos, devemos tentar ver o mundo como ele é, em vez de exigir que corresponda às nossas expectativas. Devemos nos lembrar de como ele é, do que podemos esperar encontrar nele e do que está sob nosso controle. O sábio, diz Sêneca, "garantirá que nenhum acontecimento venha inesperadamente".

"Aquilo que é mais inesperado aos nossos olhos é mais esmagador em seu efeito, e a imprevisibilidade aumenta o peso de um desastre. O fato de ter sido súbito sempre foi certeiro em intensificar a dor do indivíduo. Eis uma razão para garantir que nada nos surpreenda. Devemos projetar nossos pensamentos a cada passo e ter em mente todas as contingências possíveis, em vez de focar apenas no curso normal dos acontecimentos."

Conforme já vimos, a ruína é proporcional à improbabilidade do acontecimento considerada por nós.

É por isso que é tão importante manter nossas expectativas sob controle, fazendo regularmente o exercício de visualização negativa. Se imaginarmos o pior, não teremos que lidar com expectativas não atendidas e conseguiremos reduzir drasticamente as emoções ruins que experimentamos.

Ensaiemos mentalmente o pior que pode acontecer, mirando como uma situação pode se desenrolar de forma contrária às nossas esperanças e expectativas — e assim ficaremos em paz com o que quer que aconteça.

Não devemos nos deixar surpreender por nada, principalmente pelas coisas que acontecem com regularidade.

"Lembre-se", diz Marco Aurélio, "você não deveria se surpreender com uma figueira que produz figos, nem com o que o mundo produz. Um bom médico não se surpreende quando seus pacientes têm febre, nem um timoneiro quando o vento sopra contra ele."

NRL: ....

Exercício 27.
Como nascem as virtudes

"Para todo desafio, lembre-se dos recursos que você possui para enfrentá-lo. Ao ser provocado pela visão de um belo homem ou de uma bela mulher, você descobrirá dentro de si o poder do comedimento. Diante da dor, descobrirá o poder da resistência. Caso seja insultado, descobrirá a paciência. Com o tempo, terá a confiança de que não há uma única impressão que você não tenha os meios morais para tolerar." *Epiteto*

"O que fica no caminho torna-se o caminho", conforme já vimos anteriormente (Exercício 3).

Podemos transformar a aparente adversidade em vantagem ao fazer dela um exercício. Como filósofos-guerreiros, usamos essas situações como um treino para sermos a melhor versão que podemos ser.

Enquanto outras pessoas veem a adversidade como algo ruim, como um obstáculo para seus objetivos, nós reconhecemos nela a oportunidade de crescimento e a invertemos — onde os outros veem o mal, nós vemos oportunidade.

"A doença é um impedimento para o corpo, mas não para a vontade, a não ser que a própria vontade escolha", explica Epiteto. "A claudicação é um impedimento para a perna, mas não para a vontade."

Epiteto tinha uma perna aleijada e optou por encarar isso como um impedimento apenas para a perna, mas não para a mente. Dor e doença estão no corpo, não na mente. Não devemos permitir que a autocomiseração nos domine. Essa reação autoindulgente só fará aumentar nosso sofrimento.

Em vez disso, devemos nos lembrar de que a dor pode ser uma oportunidade para testar e melhorar nossa virtude. Para treinar a paciência e a resistência — duas qualidades nobres.

Marco Aurélio concorda: "Quem pode impedir você de ser bom e sincero?" Temos o poder inato de escolher nossas ações e de moldar nosso caráter. "Portanto, exiba aquelas virtudes que estão totalmente em seu poder — integridade, dignidade, trabalho árduo, abnegação, contentamento, frugalidade, gentileza, independência, simplicidade, prudência, magnanimidade."

Somos capazes de exibir tantas qualidades excelentes sem precisar recorrer a pretextos. A única coisa que pode nos impedir somos nós mesmos, afinal de contas, nossa mente está sempre disponível para nós.

Assim como a natureza é capaz de pegar cada obstáculo e transformá-lo para seu propósito, diz Marco Aurélio, "da mesma forma, um ser racional é capaz de transformar cada contratempo em matéria-prima e usá-la para atingir seu objetivo".

Comecemos pelas pequenas coisas, diz Epiteto. Se tivermos uma dor de cabeça, treinemos para não praguejar. Se ouvirmos palavras ofensivas, treinemos a paciência. E ele frisa que, se reclamarmos, acautelemo-nos para não reclamar com todo o nosso ser.

Lembremo-nos de que todo pequeno contratempo é uma oportunidade para exercer um comportamento virtuoso. Toda dor de cabeça é uma oportunidade para não praguejar. Toda pessoa atraente é uma oportunidade para o comedimento. Toda pessoa irritante é uma oportunidade para a paciência, a bondade e o perdão. Toda situação desafiadora é uma oportunidade para a perseverança e o trabalho duro.

NRL: ....
....
....
....

Exercício 28.
O jogo da imparcialidade

"Quando a força das circunstâncias perturbar sua equanimidade, não tarde em recuperar o autocontrole e não fique fora de si por mais tempo do que o necessário. A recorrência habitual à harmonia fará com que você a domine cada vez mais." ***Marco Aurélio***

Todos nós somos pegos desprevenidos de vez em quando. Não apenas por acontecimentos importantes, mas também por ocorrências menores, muitas vezes inesperadas. É o ônibus que atrasou, sua bicicleta que foi roubada, seu amigo que cancelou o encontro de vocês no último minuto.

Essas situações insignificantes são capazes de nos derrubar em momentos de fraqueza. Ficamos sem rumo e, por sua vez, irascíveis e rabugentos. É totalmente normal perder a cabeça às vezes, acontece nas melhores famílias. O que importa é voltar aos trilhos o mais rápido possível.

Não se deixe nocautear mais do que o necessário. Controle-se, levante-se! Retome o equilíbrio.

O filósofo moderno Brian Johnson chama isso de "jogo da equanimidade". As regras são simples: (1) observe quando ocorrem seus momentos de desequilíbrio, por exemplo, quando você perde a paciência no trânsito, com seu cônjuge ou um colega, e então (2) veja o quão rápido você é capaz de se segurar e de se corrigir, recobrando a equanimidade.

Ele diz que *equanimidade* é uma das melhores palavras de todos os tempos. Do latim: *aequus* (igualado) e *animus* (mente), a palavra significa "mente equilibrada".

Portanto, devemos nos controlar sempre que perdermos o equilíbrio em face de algum acontecimento, e então, voltar a ter uma mente equilibrada o mais depressa possível. Contratempos acontecem, nem sempre seremos nossa melhor versão. O sábio sabe disso, e seu principal objetivo é se recuperar o mais rápido que pode. Como uma bola de teto-solo para treinar boxe, que volta sempre que você dá um soco nela.

Queremos viver com *areté* e manifestar nosso eu superior em todos os momentos. Então, quando percebermos que estamos saindo do prumo, vamos tentar nos recuperar e voltar logo aos trilhos. Podemos colecionar reviravoltas nesse jogo. E ficarmos cada vez melhores a cada recuperação e retomada ao equilíbrio.

"A recorrência habitual à harmonia fará com que você a domine cada vez mais", como nos ensina Marco Aurélio.

Lembre-se sempre: obstáculos e situações desafiadoras nos tornam mais fortes, são uma oportunidade de crescimento. Queremos ser guerreiros mentais, que não recuam, e sim tentam se fazer totalmente presentes diante dos desafios da vida — bem cientes de que esses desafios vão nos tornar mais fortes.

Anteriormente, dissemos que um incêndio usa obstáculos como combustível. Eles só fazem tornar o fogo mais forte. Agora, vejamos outra metáfora com fogo: o vento alimenta a fogueira e apaga uma vela. O vento é o obstáculo; é capaz de extinguir você se o seu empenho e perseverança forem fracos, mas o alimenta quando você aceitar o desafio e não desiste diante das primeiras dificuldades.

Se você soprar uma vela, ela se apagará. Se você soprar uma fogueira, ela pode até parecer que se apagará no início, mas voltará mais forte. Você quer ser a fogueira, que sempre volta mais forte.

Portanto, sempre que a vida lhe der uma pancada, observe o que é capaz de derrubá-lo e depois veja quanto tempo leva para se levantar. Analise sua reação e descubra o que o ajuda a encontrar seu equilíbrio. Você pode fazer isso o dia todo, todos os dias.

O que mais me ajuda são as ideias estoicas de manter o foco naquilo que eu controlo, de aceitar a realidade tal como ela é e de assumir a responsabilidade pela minha vida, pois está sempre ao meu alcance escolher responder com virtude.

NRL: ....
....
....
....
....
....

Exercício 29.
Mentes livres

"Se uma pessoa entregasse seu corpo a um transeunte, você ficaria furioso. No entanto, você entrega sua mente a qualquer um que surge para que este possa abusar de você, perturbando-o e enlouquecendo-o — você não se envergonha disso?" **Epiteto**

Somos abalados por coisas externas e impulsos que não questionamos o tempo todo. Como fantoches, permitimos que outra pessoa manipule os cordões e nos faça dançar ao seu gosto.

Uma observação ambígua de um colega, o namorado que não telefonou quando combinado ou o comentário de um desconhecido — somos tirados do prumo por coisas que fogem ao nosso controle. Permitimos que os outros nos tirem do sério.

Pior ainda, não são apenas outras pessoas, também permitimos que o clima, as redes sociais, as notícias e os resultados esportivos nos controlem. Dançamos ao sol e esperneamos na chuva. Torcemos pelo gol do nosso time de futebol e lamentamos o empate no final.

Isso é loucura. A mente é nossa. Não nosso corpo, nossas posses, nossos amigos, mas nossa mente apenas. Mas não estamos cientes disso e, ops, logo ela está nas mãos do meteorologista ou do árbitro.

"Compreenda, finalmente, que você tem em você algo mais poderoso e divino do que aquilo que incita paixões materiais e o manipula como um mero fantoche."

Marco Aurélio está se referindo à nossa mente. Cabe a nós decidir o significado que daremos aos acontecimentos externos. Não temos de nos abalar pelo que acontece ao nosso redor, podemos de fato manter a calma sem nos deixar levar pela mágoa ou pela irritação.

Basta cortar os cordões que manipulam sua mente. Reivindique algo que deveria ser seu. Pare com essa loucura. Não se deixe levar pelo que não está sob seu controle.

Sim, diz Marco Aurélio, os outros até podem impedir nossas ações, mas não podem impedir nossas intenções e nossas atitudes. Nossa mente é adaptável. Se as coisas parecem estar contra nós, podemos nos adaptar e buscar a oportunidade de crescimento em meio ao caos. Podemos converter obstáculos em oportunidades.

Em vez de nos deixarmos abalar pelo que acontece no mundo incontrolável lá fora, devemos ser guiados por valores profundos. Independentemente do que acontecer, devemos nos apegar a valores como tranquilidade, paciência, gentileza, aceitação, justeza, coragem e autodisciplina.

Nossos valores e nossa atenção plena em relação ao presente são os responsáveis por impedir que sejamos manipulados feito marionetes. Porém essas coisas não vêm automaticamente, elas requerem muito trabalho. Como aspirantes a estoicos, escolhemos trabalhar com afinco e nos tornar nossos próprios mestres, em vez de sermos jogados para lá e para cá pelas inconveniências.

"Enquadre seus pensamentos desta maneira: você é uma pessoa vivida, não se deixará mais escravizar, não será mais manipulada como um fantoche por cada impulso, e vai parar de reclamar de sua sorte no presente ou de temer o futuro."

Marco Aurélio estabelece um excelente cenário aqui. Vamos absorvê-lo: somos um ser humano maduro e não mais seremos escravizados por acontecimentos externos e terceiros. Não seremos controlados por todo impulso como uma marionete. Não vamos reclamar do presente nem temer o futuro.

É hora de retomar o controle.

Vamos proteger nossa paz de espírito.

"A primeira coisa a fazer: não fique preocupado." Marco Aurélio lembra a si que deve permanecer calmo. Uma vez que você se controlar, encare a tarefa à mão tal como ela é, ao mesmo tempo que mantém seus valores em mente. E aí tome as medidas adequadas com bondade, humildade e sinceridade.

Primeiro, não se chateie. Em segundo lugar, faça a coisa certa. É isso.

Se trouxermos consciência para a situação, esse poder sempre estará disponível para nós. Tentemos não ficar chateados no início. E então encaremos o evento objetivamente, mantendo nossos valores em mente. E vamos agir de acordo com eles, claro.

Esse processo exige que percebamos nossos impulsos, impressões e julgamentos para então termos a capacidade de nos afastar deles, em vez de permitir que sejamos arrastados por eles. Devemos evitar a precipitação em nossas reações. É isso.

Evite precipitações, mantenha a calma, e você não será manipulado como um fantoche.

NRL: ....
....
....
....

Exercício 30.
O desafio de existir

"As dificuldades mostram o caráter de uma pessoa. Então quando enfrentar um desafio, lembre-se de que Deus está juntando você a um companheiro de treino mais jovem, assim como um preparador físico faria. Por quê? Tornar-se atleta olímpico exige suor! Creio que ninguém possui desafio melhor do que o seu, basta que você faça uso dele como um atleta faria com aquele companheiro." *Epiteto*

Somos rápidos na hora de reclamar de uma situação.

Mas quem disse que a vida vai ser justa? Quem disse que deveria ser fácil?

Ninguém. É para isso que estamos aqui! Fomos moldados para isso. É assim que nos tornamos melhores, é assim que aprendemos a resistir e a perseverar. É assim que crescemos e nos tornamos um ser humano maduro.

"O que seria de Hércules, você acha, se não houvesse leão, hidra, corça ou javali — e nenhum malfeitor para expulsar do mundo? O que ele teria feito na ausência de tais desafios?"

Vale a pena repetir o exemplo de Hércules citado por Epiteto. Ele continua: "Obviamente ele teria simplesmente se virado na cama e voltado a dormir. Então passaria a vida roncando em meio ao luxo e ao conforto, e jamais teria se tornado o poderoso Hércules. E mesmo que tivesse, que bem isso teria feito a ele? Para que serviriam aquelas armas, aquele físico e aquela alma nobre, sem crises ou incidentes para incitá-lo à ação?"

Você não precisa desejar que a vida seja difícil, mas também não deseje que seja mais fácil quando as coisas se complicarem. Em vez disso, deseje força para lidar com as situações. É uma oportunidade de crescimento. É o seu companheiro de treino que está lhe propondo um desafio. Ele está simplesmente testando você.

A pergunta é: o que você faz com o desafio? Você é aquele que o aceita e se apruma para enfrentá-lo? Ou é aquele que joga a toalha depois que leva o primeiro gancho no queixo?

É para isso que estamos aqui, dizem os estoicos. A vida é feita para ser difícil. Chega a ser lamentável se você não tiver que enfrentar nenhum desafio. Ouça Sêneca: "Julgo você infeliz porque nunca viveu o infortúnio. Você passou pela vida sem um oponente — ninguém jamais saberá do que você é capaz, nem você mesmo."

É por isso que os estoicos se empenhavam na vida. Eles sabiam que é assim que crescemos, e não encastelados em torres de marfim.

Da próxima vez que você estiver enfrentando uma situação difícil, aceite-a como uma oportunidade de crescimento. Não se preocupe com isso. Você só tem a crescer. Talvez seja uma experiência enriquecedora pela qual você será grato mais tarde.

A dúvida não é *se* a vida vai lhe dar um soco, e sim *quando*. E como você vai reagir a ele.

Você vai reagir de maneira positiva e orientada para o crescimento — com prontidão para enfrentá-lo? Ou vai responder como uma vítima, reclamando e jogando a toalha ao primeiro sinal de dificuldade?

Você vê isso como uma oportunidade de aprender e ficar mais forte? Ou se entrega à frustração e começa a chorar?

Enfim, quando a vida se mostrar difícil, lembre-se de que é para isso que você está aqui. Esse pensamento vai lhe trazer força.

NRL: ....
....
....
....
....
....
....

Exercício 31.
Nós somos o *aqui* e *agora*

"Não deixe que o panorama da sua vida o oprima, não se detenha nos percalços ocorridos no passado ou que possam vir a ocorrer no futuro. Basta se perguntar em cada instância do presente: 'O que há nesta tarefa que não sou capaz de tolerar ou escorar?'" *Marco Aurélio*

Uma parte importante do estoicismo é desenvolver uma consciência de momento em momento que permita a você dar um passo atrás, encarar a situação objetivamente, analisar suas impressões e prosseguir somente com o que é construtivo.

No ato do caos, é fácil perder o foco na tarefa à mão e se embananar na imensidão de nossas vidas. Ficamos mirando no futuro incerto e nos fixando no passado certo porém findado. Não é à toa que estamos sempre sobrecarregados.

Não nos esqueçamos de que o passado e o futuro não estão sob nosso controle. Eles são indiferentes aos estoicos. O presente é tudo o que temos, diz Marco Aurélio. Mas "ninguém tem como perder o passado ou o futuro, pois como alguém pode ser privado do que não lhe pertence?"

O passado está imutavelmente encerrado. O futuro só pode ser influenciado pelas ações que realizamos aqui e agora. É por isso que os estoicos dizem que devemos estar atentos ao presente e nos concentrarmos no que é verdadeiro e tangível.

Todo o poder que temos se resume a este exato momento. E neste momento, o que podemos fazer é controlar nossas escolhas. Você escolheu ler este livro agora, o qual eu escolhi escrever agora (durante o meu agora).

Nossos pensamentos e ações voluntários são as únicas coisas sob nosso controle. E apenas neste exato momento.

Se quisermos expressar nosso eu superior em todos os momentos, então *precisamos* estar cientes de nossas ações no presente. Essa atenção plena é um pré-requisito para quem deseja exercer o estoicismo.

Eis a luta: costumamos nos deixar levar por nossos pensamentos com o passado ou com o futuro. E enquanto isso, perdemos o contato com o aqui e agora. Essa é a principal razão pela qual ficamos sobrecarregados. Diferentemente dos animais, nos preocupamos demais com o que já passou há tempos ou com o que está por vir, ambos além do nosso controle. Ouça Sêneca: "Os animais selvagens fogem dos perigos quando os veem. Depois de fugirem, também se livram da ansiedade. Mas nós vivemos atormentados pelo futuro e pelo passado."

O presente por si só, diz ele, não tem como tornar você infeliz.

É por isso que devemos tentar nos conter quando estivermos sobrecarregados e perguntar: "Aqui e agora, qual é a tarefa em mãos e por que me parece insuportável?"

Se você for capaz de se concentrar no presente e analisá-lo de forma isolada, então esses momentos desafiadores de repente vão ficar mais fáceis de tolerar e de lidar. Será mais fácil aceitá-los como são, e se concentrar no que você pode fazer neste momento para melhorar sua situação, tirando o melhor proveito dela.

Um passinho de cada vez.

Quanto melhor você se tornar em retomar o foco ao presente, mais consciente ficará de suas ações o tempo todo, e mais perto ficará de expressar sua melhor versão.

Marco Aurélio diz que tudo de que você precisa é:

- **Certeza de julgamento no momento presente:** Como é a situação objetivamente?
- **Aceitação de acontecimentos externos no momento presente:** Aceite e contente-se com aquilo que está fora de controle.
- **Ação para o bem comum no momento presente:** Qual é a melhor ação que posso tomar agora?

Se você conseguir absorver isso da filosofia estoica, e se você depositar atenção plena o suficiente em sua vida diária, você se beneficiará muito!

Como aspirantes a estoicos, devemos tentar nos concentrar no momento e não nos distrair com o passado ou com o futuro. É o único jeito de desafiar nossas impressões e de olhar para a situação objetivamente, aceitando o que não está sob nosso controle com equanimidade e escolhendo alinhar nossas ações aos nossos valores mais arraigados, tais como sabedoria, justeza, coragem e autodisciplina.

E isso basta.

NRL: ....

Exercício 32.
Eterna gratidão

> "Não ponha a mente em coisas que não lhe pertencem como se pertencessem, e sim conte as bênçãos que você de fato possui, e pense no quanto as desejaria caso já não fossem suas. Mas cuidado para não valorizar tais coisas a ponto de ficar perturbado caso um dia as perca."
> *Marco Aurélio*

Em momentos difíceis, pode ser útil lembrar do que temos, pois costumamos esquecer como a vida tem sido boa para conosco.

Não se esqueça de ser grato pelo que tem, mesmo em face da adversidade.

Marco Aurélio nos lembra aqui de três coisas:

- Coisas materiais não são importantes, não as adquira ou acumule.
- Seja grato por tudo o que tem.
- Tenha cuidado para não se apegar ao que já tem.

Quem se importa com as posses alheias? Você pode decidir por si só o que de fato é importante e o que não é. Concentre-se em você. Reconheça como a vida tem sido generosa para com você. Você não precisa de mais e mais coisas, precisa de menos. E assim você será mais livre.

Quanto mais você tem, mais pode perder. Seja grato ao que já tem, estime essas coisas. E encontre maneiras de usufruir bem delas.

Eis uma lei divina que Epiteto generosamente compartilha conosco: "E o que é a lei divina? Manter o que é do indivíduo, não reivindicar o que pertence a outrem, e sim usar o que lhe é dado, e quando não lhe é dado, não o desejar; e quando uma coisa lhe é tirada, abrir mão pronta e imediatamente, e ser grato pelo tempo que fez uso dela."

Não deseje o que você não tem, e sim agradeça pelo que tem. Esteja sempre pronto para retribuir o que lhe foi dado e seja grato pelo tempo em que esteve em seu poder para ser desfrutado.

Que lei simples! Vamos tatuá-la em nossas mentes.

Sêneca concorda: "As maiores bênçãos da humanidade estão dentro de nós... Um indivíduo sábio se contenta com sua sorte, seja qual for, sem desejar o que não possui."

Mantenhamos essa postura de gratidão em todos os momentos. Em relação a tudo o que temos e a tudo o que surgir em nosso caminho.

Certifique-se de ser grato regularmente. A maneira mais fácil de fazê-lo é listando especificamente as coisas pelas quais você é grato, todos os dias. Acrescente isso à sua rotina matinal, recordando-se das palavras de Marco Aurélio: "Ao despertar pela manhã, pense no privilégio precioso de estar vivo — respirar, pensar, desfrutar, amar".

Lembre-se de não se apegar a coisas. Elas são apenas empréstimos da natureza e podem ser tiradas num piscar de olhos.

NRL: ....
....
....
....
....
....
....
....
....

Exercício 33.
Shit happens

"Podemos nos familiarizar com a vontade da natureza evocando nossas experiências em comum. Quando um camarada quebra um copo, rapidamente dizemos: 'Oh, azar'. É minimamente sensato, então, que quando for seu copo a se quebrar, você aceite o fato com a mesma natureza paciente... É bom nos lembrarmos de como reagimos quando uma perda semelhante aflige o outro." ***Epiteto***

Como é diferente o jeito como encaramos um acontecimento quando ele ocorre conosco, não com outras pessoas.

Quando seu colega quebra uma xícara, você pega leve e pode até mesmo recorrer a um provérbio alemão para acalentá-lo: "Fragmentos trazem boa sorte"; ou falar "Essas merdas acontecem, deixe que ajudo a limpar".

Mas quando é conosco, rapidamente nos julgamos desajeitados ou incapazes. Naturalmente, é muito mais fácil manter a calma e manter a equanimidade quando os infortúnios acontecem a terceiros, e não conosco.

Não seria mais inteligente reagir da mesma forma quando algo nos afeta? Quero dizer, não somos especiais. Então por que fazer da garoa uma tempestade quando algo nos afeta, mas dar um sorriso quando acontece a terceiros?

Isso não faz sentido. O universo não nos diferencia dos outros, não está nos perseguindo. As coisas simplesmente acontecem, às vezes para nós, às vezes para as outras pessoas. Tudo o que acontece com a gente é a ordem normal das coisas. Obtenha consolo a partir desse conceito.

Da próxima vez que algo inconveniente acontecer a você, imagine que também já aconteceu a outra pessoa. Pergunte-se como você reagiria se o mesmo acontecesse a sua colega Sharon. Se não é tão terrível assim quando acontece com Sharon, então não é tão terrível assim quando acontece com você.

Essa noção vai deixar você ciente da relativa insignificância das coisas "ruins" que acontecem a todos nós, impedindo assim que sua tranquilidade seja abalada.

Epiteto dá um passo além: "Passando a coisas mais graves: quando a esposa ou rebento de alguém morre, ao seu par dizemos rotineiramente: 'Bem, faz parte da vida'. Mas se a tragédia envolve alguém de nossa família, então logo nos rendemos ao 'Pobre, pobre de mim!'".

Obviamente é muito mais fácil fazer esse exercício com uma xícara quebrada do que com um coração partido. No fim das contas, é a mesma coisa. Por que não é tão ruim assim quando Sharon perde o seu cônjuge, mas é a maior tragédia do mundo quando se trata do seu par?

Olha, é claro que não podemos simplesmente encarar a morte de um ente querido como a morte de uma xícara. Mas pensar na nossa reação caso o mesmo acontecesse a outra pessoa pode ser igualmente útil. Isso traz perspectiva e nos lembra de que tudo o que acontece conosco acontece aos outros também.

Da mesma forma, pode ajudar a desenvolver empatia e compreensão para com o próximo quando você se lembra de que o que aconteceu a eles também já aconteceu a você. Às vezes, somos rápidos em julgar alguém, achando que a pessoa é exagerada, e assim refutamos seus sentimentos, mas quando o mesmo acontece conosco, a gente faria igualzinho. Ou até pior.

Então, quando alguma inconveniência acontecer a você, pense em qual seria a sua reação caso presenciasse o mesmo acontecendo a outra pessoa. Isso vai ajudar a manter o equilíbrio mental.

Além disso, antes de julgar a reação de alguém diante de um infortúnio, pense na sua própria reação ao mesmo infortúnio. Isso vai ajudar a desenvolver mais compreensão para com os outros.

NRL: ....

Exercício 34.
A visão do todo

"Como Platão colocou lindamente. Sempre que quiser falar sobre as pessoas, é melhor adotar a visão aérea e enxergar o cenário completo — reuniões, exércitos, fazendas, casamentos e divórcios, nascimentos e mortes, tribunais barulhentos ou lugares silenciosos, todos os estrangeiros, datas festivas, monumentos, mercados —, tudo misturado e organizado num emparelhamento de opostos." *Marco Aurélio*

Que ótimo exercício. Imagine que de repente você está abandonando seu corpo e flutuando em direção ao céu. Cada vez mais alto. Você se vê lá de cima, sua casa, seu bairro, outras pessoas, sua cidade com um lago e um rio, seu corpo se assemelhando a uma sementinha, bem pequenino lá de cima, e a seguir você vê seu país, o oceano e até mesmo o planeta inteiro.

Esse exercício ajuda você a se reconhecer como parte do todo. Lá de cima, você vê todas as coisas humanas, primeiro como um pássaro, depois como um astronauta.

"Você pode se livrar de muitas coisas inúteis dentre aquelas que o perturbam", observa Marco Aurélio, "pois elas residem totalmente em sua imaginação." Muitos problemas podem ser resolvidos usando dessa perspectiva de visão aérea. Os assuntos humanos e seus infortúnios propriamente ditos parecem triviais se vistos de cima.

"E ao contemplar a eternidade do tempo e observar a rápida mutação de cada parte do todo, vemos quão breve é o tempo desde o nascimento à dissolução, e quão infinito é o tempo antes do nascimento, e quão igualmente ilimitado é após a dissolução."

Com esse exercício, nossos problemas não apenas parecem insignificantes e se dispersam rapidamente, como também somos lembrados da impermanência das coisas. Não somente somos muito pequenos, como também muito efêmeros. Marco Aurélio diz isso perfeitamente: "Imagine continuamente o tempo e o espaço como um todo, e todo item individual, em termos de espaço, uma minúscula semente, em termos de tempo, o simples girar de um parafuso."

Da próxima vez que estiver com problemas, tente obter uma perspectiva panorâmica.

Muitas vezes, ficamos mentalmente encarcerados. E aí estragamos tudo e ficamos achando que tudo é um problema colossal. E aí nos perdemos nos pensamentos e somos incapazes de reconhecer a banalidade do fato, concentramo-nos no problema em questão e ele parece ser a coisa mais importante do mundo. Um problemão.

É aí que você vai querer ter essa vista aérea. Do nada, seu enorme problema se torna insignificante em comparação à vastidão do universo. Isso ajuda a colocar as coisas em perspectiva, a reconhecer o cenário geral e a permanecer indiferente a coisas externas que outros tanto valorizam equivocadamente, como riqueza, aparência ou status social.

NRL: ....
....
....
....
....
....
....

Exercício 35.
Tudo novo de novo

"Tudo o que acontece é tão simples e familiar como a rosa na primavera, o fruto no verão: enfermidade, morte, blasfêmia, conspiração... tudo o que faz das pessoas estúpidas felizes ou coléricas." *Marco Aurélio*

"Uma geração passa, e outra geração chega; mas a terra permanece para sempre." Embora esta frase pudesse facilmente ser de Marco Aurélio, ela vem da Bíblia.

As coisas sempre foram as mesmas. Certas posturas e práticas vêm e vão, mas as pessoas e as vidas, de certa forma, não mudam — casar-se, criar filhos, adoecer, morrer, lutar, chorar, rir, festejar, fingir, resmungar, apaixonar-se, cobiçar e filosofar.

Nada inédito. As coisas são como eram dez gerações atrás, e continuarão a ser nas gerações futuras. Sêneca, Epiteto e Marco Aurélio enfrentaram as mesmas lutas que nós agora, 2 mil anos depois, é por isso que seus textos ainda são tão relevantes até hoje. Marco Aurélio nos lembra de como tudo é repetitivo. "O mal: é tal como sempre. Não importa o que aconteça, tenha isso em mente: é tal como sempre, de uma ponta a outra do mundo. Preenche os livros de história, antigos e modernos, e as cidades, e também as casas". O ciclo natural das coisas se reinicia.

É fácil acreditar que tudo o que acontece agora é especial. Mas como pessoas resolutas, devemos resistir a essa ideia e estar cientes de que, com algumas exceções, as coisas não mudam bruscamente, e assim permanecerão. São sempre as mesmas coisas.

Somos exatamente como aqueles que vieram antes de nós. Somos apenas breves escalas até que outros como nós aterrissem depois que tivermos partido. A terra permanece para sempre, mas nós estamos no ciclo do ir e vir.

Antes de encarar tudo muito seriamente, lembre-se de que as coisas que acometem você não são especiais. Centenas de pessoas já passaram pela mesma situação, e centenas mais passarão depois que você partir.

Desculpe informar, mas você não é tão especial quanto pensa. O que acontece a você não é grande coisa. Seu comportamento não é tudo isso.

Pode ser que isso ajude a colocar as coisas em perspectiva. E a não levar tudo tão a sério. E não se leve muito a sério também. São sempre as mesmas coisas.

Além disso, eis mais uma razão pela qual não devemos nos apoquentar com ninharias: essas coisas acontecem repetidamente, pode ser uma boa estar ciente disso. Coisas quebram, pessoas morrem, jogos são perdidos, pessoas falham — assim como a rosa na primavera e os frutos no verão —, tudo é recorrente.

NRL: ....

Exercício 36.
A verdade do avesso

"Quando estamos diante de uma peça de carne e alimentícios semelhantes, temos a noção de que é o cadáver de um peixe, o cadáver de uma ave ou de um porco; e novamente, que este *Falernian* [vinho] é somente sumo de uva, e este manto púrpura é lã de ovelha tingida com tinta de um marisco; ou que a relação sexual é meramente um atrito de partes íntimas e a expulsão espasmódica do sêmen: e assim são as impressões, e elas abrangem as coisas por si só e as penetram, e assim vemos as coisas como de fato são." ***Marco Aurélio***

Os estoicos aconselham olhar para um bem ou situação tão objetivamente quanto possível. Atenha-se aos fatos e descreva um acontecimento da maneira mais isenta de valores e mais próxima possível da realidade.

Esse é o pensamento estoico clássico: um acontecimento é objetivo. Somos nós que lhe damos significado por meio de nossos julgamentos.

Conforme já visto, Marco Aurélio sempre lembra a si de olhar as constituições básicas das coisas. Ele quer assegurar de que não atribuirá muita importância aos elementos externos.

(Uma observação: a parte sobre a relação sexual não tem o intuito de ser puritana — afinal de contas, Marco Aurélio teve treze filhos —, e sim mero controle sobre os prazeres da vida.)

Devemos olhar as coisas como elas são, "desnudá-las e mirar sua inutilidade, e despojá-las de todas as palavras por meio das quais são exaltadas".

Devemos enxergar um acontecimento pelo que ele é, analisá-lo, "virá-lo do avesso e perceber como é, perceber o que ele se torna com o tempo, a doença, a morte".

Marco Aurélio vira as coisas do avesso e as avalia com atenção. Ele se refere às vestes do imperador como "lã de ovelha tingida com a tinta de um marisco". Embora possam ser caras, ainda são somente lã de ovelha tingida com extratos fedorentos de marisco *murex*. Se você prestou atenção a este livro, vai se lembrar de que esse foi o corante na carga que Zenão perdeu no naufrágio, muitos anos antes de fundar o estoicismo.

As coisas podem de fato ter seu valor, mas se encaradas objetivamente, acabam se tornando inúteis por completo.

Marco Aurélio aconselha a viver a vida da melhor maneira possível. E o poder para fazê-lo está na alma do indivíduo, se ele for capaz de ficar indiferente aos elementos externos. E ele permanecerá indiferente se souber "olhar para essas coisas como um todo e como fragmentos, e se lembrar de que nenhuma delas se autoimpõe um julgamento ou o impõe sobre nós".

Basicamente, encarar as coisas objetivamente, do jeito que elas são, vai ajudar a manifestar nossa versão mais elevada. Reconheceremos a total insignificância das coisas que nos cercam e vamos nos lembrar de que são nossos julgamentos o que realmente lhes conferem valor e significado.

Na filosofia estoica, vemos as coisas de todos os ângulos, e assim compreendemos melhor as situações. Muitas vezes, a representação objetiva dos acontecimento nos ajuda a enxergar com clareza e nos impede de lhes dar muita importância.

Então, quando você for desafiado na vida, quando estiver empacado num problema, tente encarar sua situação objetivamente. Vire-a do avesso, desnude-a e destrinche-a em termos simples. Seja o mais realista possível. Em que pé se encontra o problema? Ele consiste em quantas partes? Quanto tempo vai durar?

NRL: ....
....
....
....
....
....
....
....

Exercício 37.
Nem tudo é o que parece

> "Portanto, tenha o hábito imediato de dizer para cada impressão intensa: 'Você é só uma impressão, e não a fonte da impressão'. A seguir, analise-a com seus critérios, mas principalmente pergunte: 'Isto é algo que está ou não sob meu controle?' E se não for algo que você controla, retruque: 'Então não é da minha conta'." **Epiteto**

Nós evoluímos naturalmente para nos acercar do que é bom e evitar o que é ruim. É nosso instinto de sobrevivência. E influencia imensamente nosso comportamento cotidiano.

E é também o principal motivo de nossa procrastinação. E o principal motivo que nos faz xingar outros motoristas no trânsito. Um estímulo desencadeia uma impressão, e como consequência, agimos de acordo com ela. Na maioria dos casos, é um gesto automático:

- Um motorista nos dá uma cortada e gritamos com ele.
- A vovó nos serve biscoitos e nós comemos.
- Nosso irmão está assistindo à TV, então nos sentamos para assistir com ele.

Mas qual é o problema disso? Nossos sentidos se equivocam o tempo todo. No mundo de hoje, nossas impressões emocionais são contraproducentes. Se formos escolher só o que é bom, decerto vamos desperdiçar nossas vidas assistindo à Netflix compulsivamente, vamos nos entupir de chocolate M&Ms e encher a cara de cerveja!

O que quero dizer é: o que *parece* certo muitas vezes não é.

Lembre-se, como aspirantes a estoicos, queremos permanecer no controle o tempo todo para que assim possamos escolher deliberadamente nossas melhores ações. Por isso é crucial não reagir com impulso às impressões, e sim parar um instante antes de fazer qualquer coisa, desse modo será muito mais fácil segurar a onda.

Devemos evitar nos precipitar. Como diz Epiteto: "Não se empolgue com a nitidez da impressão, e sim diga: 'Espere um pouco, impressão: deixe-me ver quem você é, e qual é sua fonte; permita-me colocá-la à prova'."

Eis como se dá a análise de nossas impressões: isso é tão ruim assim? O que aconteceu de fato? É este o caminho que eu quero seguir? Por que sinto esse desejo tão intenso? O que eu sei sobre essa pessoa?

Se você tirar um tempinho e se fizer tais perguntas, a probabilidade de se deixar levar pelas impressões e agir precipitadamente será menor. É tudo uma questão de conter as reações automáticas. Recuse-se a aceitar seus impulsos. Analise primeiro.

Claro, isso não é fácil. Se quisermos colocar nossas impressões à prova, se quisermos dar um passo atrás e encará-las como meras hipóteses, então devemos ser capazes de identificá-las, para início de conversa. E isso requer autoconsciência.

Sendo assim, temos duas etapas: primeiro, identificar nossas impressões e assegurar que não nos deixaremos levar imediatamente. E depois examinar essa impressões e decidir, com muita calma, como vamos agir.

A capacidade de adiar nossas reações a impressões acaloradas dizendo "Espere um pouco, impressão" é o fundamento para viver com *areté*. É o único jeito de nos abstermos de fazer só o que parece prazeroso ou o que não faz bem.

Se você for capaz de evitar a precipitação em suas ações e tiver a autodisciplina necessária, tornar-se-á a pessoa capaz de rejeitar aquelas coisas às quais os outros são incapazes de resistir, e conseguirá realizar as coisas que os outros temem.

Veja bem, analisar as impressões é qualidade fundamental de todo aspirante a estoico. E se o fizer continuamente, você também perceberá que não é o evento em si, mas sua reação a ele que perturba ou encanta. Se você optar por não reagir a pequenos inconvenientes, simplesmente não se importará mais. Como se nada tivesse acontecido.

Se simplesmente ganharmos tempo e esperarmos antes de reagir, seremos capazes de resistir aos nossos impulsos instintivos e imediatos. Essas reações impetuosas, na maioria dos casos, são inúteis.

O objetivo é evitar reações emocionais imprudentes. E depois avaliar sobretudo se há algo que possamos fazer a respeito. Não nos preocupemos com o que foge do nosso controle — precisamente porque não poderemos fazer nada para resolver a situação.

Somente nossa reação está sob nosso controle. Então escolhamos nossa (não) reação mais inteligente e prossigamos. Imitemos a estratégia de Epiteto para lidar com impressões prazerosas: "Sempre que você se deparar com uma impressão ante algum prazer, assim como ocorre com qualquer outra impressão, evite se deixar levar, deixe que ela aguarde sua ação, faça uma pausa. E então lembre-se de dois momentos: primeiro quando você desfruta do prazer, e depois quando se arrepende de ter cedido a ele e se odeia. A seguir, compare ambos com a alegria e a satisfação que você sentiria por ter conseguido se abster."

Fica a dica: antes de reagir, diga: "Espere um pouco, impressão... deixe-me colocá-la à prova".

NRL: ....
....
....
....
....

Exercício 38.
É bom fazer o bem

"Não se comporte como se você estivesse destinado a viver para sempre. Sua sina paira sobre você. Enquanto você viver e enquanto puder, seja bom agora." *Marco Aurélio*

Por que você está lendo este livro?

Você não vai ganhar nenhum prêmio ou medalha de honra ao mérito por estar aprendendo sobre o estoicismo. Ninguém se importa com os livros que você lê ou com o que você sabe sobre filosofia antiga.

E você também não se importa, pois leu o livro porque quis. Porque você quer ser o melhor possível. Porque quer ser capaz de lidar com os desafios da vida. Porque quer ter uma vida feliz e fluida.

E é disso que se trata. "Pois a filosofia não consiste em exibir-se", lembra-nos Musônio Rufo, "e sim em prestar atenção ao que é necessário, e estar consciente disso."

O que importa é quem você é e o que você faz. É a excelência humana que torna um ser humano belo, diz Epiteto. Se você desenvolver qualidades como senso de justiça, tranquilidade, coragem, autodisciplina, bondade ou paciência, tornar-se-á alguém lindo.

Ninguém é capaz de se fingir detentor da verdadeira beleza.

O bem e o mal estão em nossas escolhas. O que importa é o que escolhemos fazer com a mão de cartas que nos é dada. Se você tenta ser bom, se tenta o seu melhor, o resultado não importa.

O bem pode vir de você mesmo. "A pessoa afortunada é aquela que se dá a boa fortuna", diz Marco Aurélio. "E a boa sorte é uma alma bem-sintonizada, bons impulsos e boas ações."

A alegria vem de suas escolhas, de suas ações deliberadamente selecionadas. Ações bem-intencionadas trazem paz de espírito. É a sua melhor oportunidade de alçar a felicidade.

Faça o bem porque é a coisa certa a se fazer. Não vise nada em troca. Faça isso por você. Só assim você pode ser a pessoa que almeja.

Não seja o sujeito que grita aos quatro cantos quando faz uma boa ação. "Simplesmente passe à ação seguinte, assim como a videira produz um novo cacho de uvas na estação certa." Marco Aurélio nos lembra de fazer o bem pelo bem.

É a nossa natureza. É a nossa função.

É infantil ficar alardeando o que você fez de bom. Quando criança, sempre que eu fazia algo que beneficiava toda nossa família, eu me assegurava para que todos ficassem sabendo do meu feito. Mas e minha mãe? E meu pai? Eles faziam exatamente as mesmas gentilezas dia após dia, sem que ninguém soubesse. Nós, crianças, achávamos que tudo nessa vida estava garantido. Basicamente umas ingratas.

À medida que amadurecemos, começamos a compreender que agir corretamente e ajudar os outros é simplesmente o que deve ser feito. É nosso dever como seres humanos inteligentes, responsáveis e maduros. Nada mais. É simplesmente o que os líderes fazem — não pela gratidão, pelo reconhecimento ou pela medalha de honra.

"Faça agora o que a natureza exige. Vá direto ao assunto se estiver em seu poder. Não olhe ao redor para conferir se as pessoas vão notar."

Como imperador romano, Marco Aurélio certamente detinha mais poder do que nós, e suas ações tinham mais impacto do que as suas ou as minhas. No entanto, mesmo sendo o indivíduo mais poderoso da terra naquela época, ele lembrava a si de "se satisfazer até mesmo com o menor passo à frente, e encarar o resultado como algo pequeno".

Vamos dar um pequeno passo adiante então, sempre que possível. O que virá disso? Não importa.

"Com o que você trabalha? Com o objetivo de ser um indivíduo bom."

Esta é a descrição de emprego mais simples que existe. O que não significa que seja fácil. Mas se definirmos a bondade como meta, tenho certeza de que poderemos chegar lá. Uma boa ação de cada vez.

NRL: ....
....
....
....
....
....
....
....
....
....
....
....
....

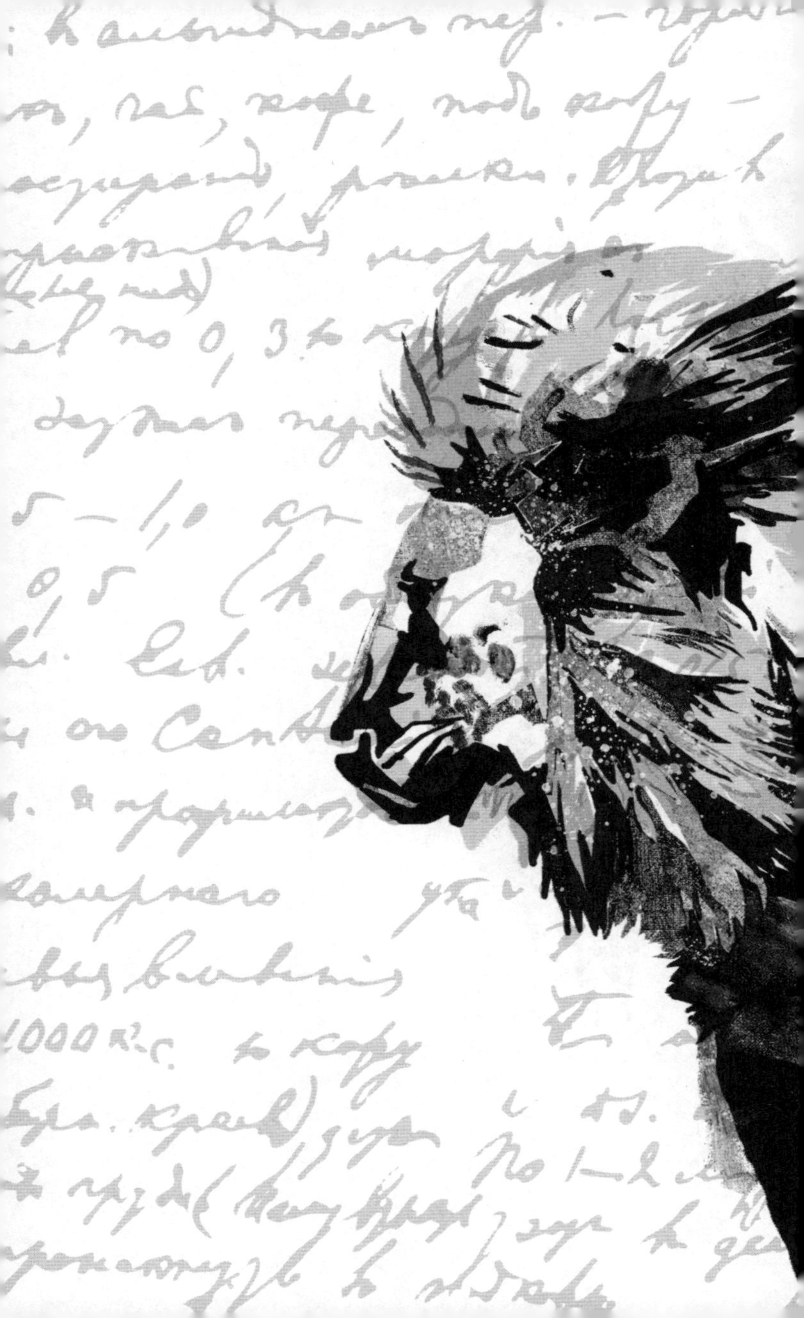

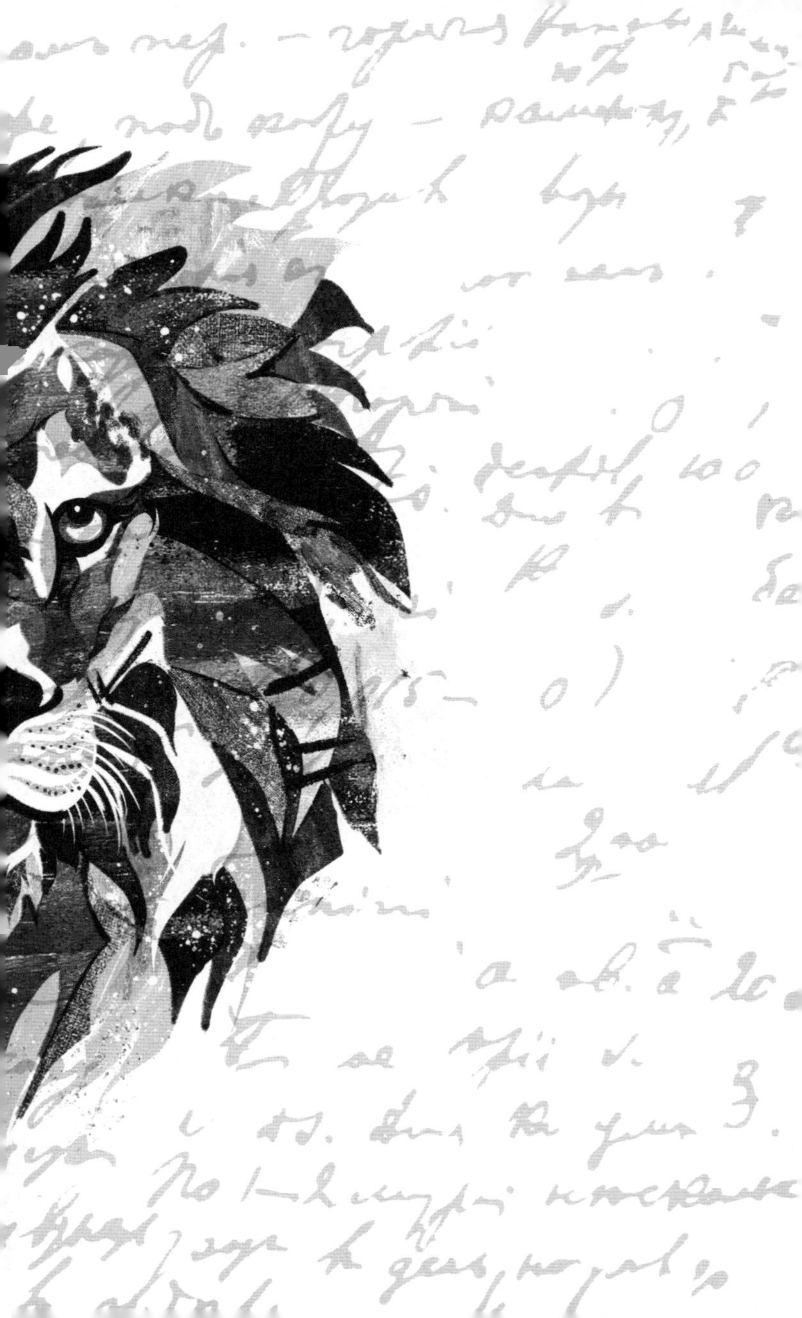

EXERCÍCIOS DO DIA A DIA
seja empático

Lidar com outros seres humanos acaba se tornando o desafio mais complexo e frequente que enfrentamos no dia a dia.

Todos os dias, há pelo menos uma pessoa irritante que tira você do sério. Aquele motorista imprudente, a colega folgada, o skatista distraído que tromba em você ou seu irmãozinho pé no saco.

Só que não temos como simplesmente nos livrar desses indivíduos. Nós temos uma vida. Trabalhamos com pessoas. Temos familiares e amigos. E o mais importante, temos um dever social. A filosofia estoica exige ajudar os outros e se preocupar com o bem-estar de toda a humanidade.

Lembre-se de que devemos tratar as outras pessoas como parentes, pois somos todos cidadãos do mesmo mundo. Devemos contribuir para a comunidade. Somos sociais porque necessitamos da coexistência. E fazer o bem ao próximo beneficia a nós mesmos acima de tudo.

Como diz Marco Aurélio, cumprir com nossos deveres sociais é a melhor oportunidade de alcançar uma vida boa.

Mas as outras pessoas podem ser tão estressantes:

- Pessoas mentem na sua cara
- Pessoas insultam você
- Pessoas magoam você
- Pessoas enganam você
- Pessoas traem você
- Pessoas o irritam

Sendo assim, como podemos preservar nossa tranquilidade e ao mesmo tempo cumprir nossos deveres sociais e manter a interação com outras pessoas? É disso que tratam as práticas e estratégias a seguir.

Exercício 39.
Somos um

> "Eu, então, não posso ser ofendido pelas pessoas, nem me enfurecer com aquele semelhante a mim, nem posso odiá-las, pois viemos para trabalhar em conjunto, como fazem nossos pés, mãos, pálpebras ou as fileiras de dentes em nossas mandíbulas superiores e inferiores. Trabalhar uns contra os outros é, portanto, infrutífero à natureza; e enfurecer-se com o próximo e lhe dar as costas certamente é agir contra ele." ***Marco Aurélio***

Você e eu somos parentes. Eu sou seu irmão. Temos um laço fraterno. Somos feitos para a cooperação.

"Pense constantemente no universo como um único ser vivo", diz Marco Aurélio. Devemos nos reconhecer como um membro de um corpo, e assim trabalhar juntos: "Já que você é uma das partes voltadas a aperfeiçoar um sistema social, então permita que toda ação contribua para o aperfeiçoamento da vida social."

Direcione suas ações para que contribuam para o bem-estar da humanidade. Você é um membro do todo. Devemos trabalhar juntos. Sêneca concorda, dizendo que a Mãe Natureza nos deu à luz como parentes. E instilou em todos nós um amor mútuo.

Viemos da mesma origem. "Nossa comunhão é muito semelhante a um arco de pedras, que se desintegraria caso o apoio não seja recíproco." Devemos apoiar uns aos outros, ou o todo irá ao chão. Estamos todos interconectados e somos interdependentes.

Trabalhar em prol do semelhante é necessário se quisermos ter a melhor vida possível. Isso é ser um membro do todo. Ajude os outros. Direcione suas ações para o bem comum. É o único jeito de alcançar uma vida boa.

Se falharmos no reconhecimento dessa interconexão, e falharmos em direcionar nossas ações para os fins sociais, então nossas vidas não terão propósito, diz Marco Aurélio. Isso desencadeará separação e desarmonia. E assim não teremos uma vida boa.

Lembre-se de que nós, humanos, fomos criados para servir uns aos outros. Nascemos para trabalhar em conjunto, assim como fazem nossas mãos e pálpebras. Nossas ações devem servir à humanidade, tendo a harmonia como meta.

Façamos o bem aos nossos semelhantes e os tratemos como irmãos e irmãs, com paciência, bondade, generosidade e perdão. Esse é o único caminho para uma vida boa.

Lembre-se das palavras de Marco Aurélio: "O que não traz benefício à colmeia não traz benefício à abelha."

NRL: ....
....
....
....
....
....
....
....

Exercício 40.
Ninguém erra porque quer

> "Quando um indivíduo concorda então com o que vai contrário à verdade, saiba que não era seu desejo concordar com o falso: 'pois nenhuma alma é subtraída da verdade sob consentimento', como diz Platão, mas sim porque o falso lhe parecia verdadeiro." **Epiteto**

As pessoas fazem o que lhes parece certo. Se erram, é porque parecia verdadeiro para elas.

Portanto, jamais devemos culpar as pessoas, ainda que elas nos tratem de forma rude e injusta. Elas não fazem essas coisas de propósito. Como disse Sócrates: "Ninguém faz o mal de bom grado".

Levando em conta as histórias compartilhadas em um dos grandes livros sagrados, tem o momento em que Jesus diz algo muito semelhante após ter sido forçado a carregar a cruz e ter sido espancado, açoitado e insultado. Apesar de todo o dissabor da situação, ele olhou para os céus e disse: "Pai, perdoa-lhes, pois não sabem o que fazem".

Os estoicos acreditam que as pessoas agem do jeito que imaginam ser melhor. Se mentem, é porque acham que isso lhes trará benefícios. Se roubam, é porque acham que é o melhor a fazer. Se são más, de alguma forma elas têm a impressão de que assim serão beneficiadas.

Elas carecem de certa sabedoria. Não sabem o que é certo e o que é errado. E mesmo que tenham noção de que seus atos são um equívoco, elas ainda se logram e pensam que é uma vantagem.

A questão é que elas não cometem erros de propósito. Elas simplesmente não têm noção de que existe algo melhor.

Devemos ser pacientes com essas pessoas. "Alguns indivíduos são mordazes e outros são maçantes", relembra Musônio, e continua: "Alguns são criados em ambientes melhores, outros, em piores, e estes últimos, com hábitos e criação inferiores, exigirão mais por meio de experiência e instrução cuidadosas para dominar tais ensinamentos e serem moldados por eles — da mesma forma que os corpos em mau estado devem receber muito mais cuidado para alcançar a saúde perfeita."

Não nos esqueçamos de que somos privilegiados. Nem todo mundo teve a mesma criação que nós. Nem todos têm os mesmos genes, educação e exposição precoce aos estímulos. Essas coisas influenciam muito uma pessoa, e não é algo que possamos controlar.

Assim como um corpo com mau condicionamento necessita de mais tempo para se curar se comparado a um corpo bem condicionado, uma pessoa carente de sabedoria necessita de mais tempo para se atualizar e compreender em relação à outra que teve pais mais sábios e melhor escolaridade.

Não faz sentido sentir raiva dessas pessoas. Não é culpa delas. O melhor jeito de lidar com elas é dando o exemplo. Em vez de reagir com raiva, reaja com gentileza e compreensão. Em vez de julgá-las, tente ajudá-las e apoiá-las.

Sempre que se deparar com uma situação com pessoas que parecem agir de maneira errada, encare como uma oportunidade de crescimento. Porque você poderá praticar as virtudes do autocontrole, do perdão, da bondade e da paciência.

Marco Aurélio diz que é importante ter isso em mente: "Como disse Platão, toda alma só é privada da verdade contra sua vontade. O mesmo vale para a justeza, autocontrole, boa vontade para com o próximo e todas as virtudes semelhantes. É essencial manter isso em mente, pois o fará mais gentil com todos."

NRL: ....

Exercício 41.
Identifique suas falhas

> "Sempre que se ofender com a transgressão de outrem, imediatamente se volte a suas próprias falhas equivalentes, tais como enxergar o dinheiro como algo bom, ou o prazer, ou uma dose de fama — não importa a forma com que venham. Ao pensar nisso, você se esquecerá rapidamente de sua cólera, refletindo também sobre o que compele o outro — pois o que mais ele poderia fazer? Ou, se for capaz, dê fim à compulsão dele." ***Marco Aurélio***

Todos nós cometemos erros. Mas nos esquecemos disso. E ficamos bravos quando os outros cometem os mesmos erros que nós já cometemos há não muito tempo.

Como você já sabe, ninguém erra de propósito. Lembre-se de todas as vezes que você errou sem malícia ou intenção. Das vezes que você contou meias-verdades. Ou daquela vez que você agiu se baseando em informações equivocadas. E daquela outra vez que você foi terrivelmente grosseiro ao defender suas paixões. E também das vezes que não deu ouvidos, entendeu mal e, portanto, agiu de maneira exatamente oposta à pretendida.

Não menospreze as pessoas porque elas cometem erros. Todos nós temos nossos momentos ruins.

"Quando se sentir ofendido ante a falha de qualquer indivíduo", diz Epiteto "volte-se para si e avalie suas próprias falhas. Então você abandonará sua cólera."

Muitas vezes, quando julgamos os outros por um comportamento ruim, não estamos sendo nem um pouco melhores do que eles. Só gostamos de achar que estamos.

Analise suas falhas. São muitas. É que costumamos ser generosos com nossos defeitos e os ignoramos sem parcimônia. Porque ficamos achando que, *na verdade*, não erramos, que estamos sempre bem-intencionados, e que *na realidade* somos indivíduos melhores e jamais permitimos esse tipo comportamento. E que *desta vez* foi só uma exceção.

Nós nos escondemos do radar porque nosso cérebro é capaz de racionalizar nossos defeitos lindamente. Mas assim que detectamos um vacilo alheio, o alarme dispara de imediato, e aí apontamos o dedo e rapidamente já saímos julgando pesado.

Não nos deixemos levar pela impressão inicial de que o outro é um babaca, e sim nos lembremos de que já fizemos igualzinho. Já fomos exatamente esse babaca um dia. Só que quando foi a nossa vez, nosso julgamento foi no máximo uma bronca de leve.

E mesmo que você vá ficando cada vez mais consciente de suas falhas, corrija-as e se esforce de fato para não cometer mais os mesmos erros, e mantenha a calma e a compreensão diante dos erros alheios. Lembre-se de duas coisas: primeiro, ninguém erra de propósito. E segundo, você já cometeu muitos erros até hoje. E continuará a cometer.

O provérbio que abre este capítulo, na verdade, tem um complemento: errar é humano; perdoar é divino.

NRL: ....
....
....
....
....

Exercício 42.
Errar é humano

"Sempre que conhecer alguém, diga a si desde o princípio: 'Quais são as percepções desta pessoa sobre o que é fundamentalmente bom e mau na vida?' Quando uma pessoa age como seu inimigo, insulta-o ou se opõe a você, lembre-se de que ela estava meramente fazendo o que lhe parecia certo, ela estava enganada, ela não sabia de nada, e então repita para si: 'Assim lhe parecia'." **Epiteto**

O estoicismo requer perdão.

Os estoicos procuram se lembrar da ignorância dos malfeitores. Eles não cometem erros de propósito, o que eles fazem lhes soa certo nas circunstâncias que têm.

É nosso privilégio especial, diz Marco Aurélio, "amar até mesmo aqueles que cometem deslizes". Ele lembra a si de quatro coisas: (1) que as pessoas que erram são nossos parentes; (2) que elas erram involuntariamente; (3) que estaremos todos mortos em breve, no final das contas; e (4) que só podemos ser prejudicados se assim escolhermos.

Portanto, está em nosso poder (e dever) amar até mesmo aqueles que vacilam. Sêneca diz igualmente: "Conceda perdão por muitas coisas; não busque perdão por nada".

Ele é cônscio de que os outros só fazem o que fazem porque lhes soa correto e, portanto, é capaz de perdoá-los sinceramente. E ao mesmo tempo, Sêneca sabe que se não recebe perdão em igual medida, é porque não soa necessário para aqueles que não o perdoam.

Seja misericordioso, mesmo que os outros não o sejam. Você lidera pelo exemplo, ciente de que os outros não veem o que você vê.

Em certo sentido, os estoicos encaram as pessoas que vacilam como equivocadas e desprovidas de sabedoria, mais parecidas com crianças do que com indivíduos mal-intencionados. Elas não conseguem reconhecer que o que fazem sequer favorece seus interesses. Elas estão cegas quanto a isso. É como uma doença.

Elas não veem o que estão fazendo. E como estão doentes, não é como se tivessem escolha. Sendo assim, quem somos nós para culpá-las? Então não cultivemos ressentimento para com as atitudes delas, pois seria como se ressentir de sua doença.

A única reação apropriada é a compaixão e o perdão.

Marco Aurélio faz um paralelo interessante: ele diz que desejar que o ser humano inconsciente não cometa erros é como desejar que uma figueira não produza figos, que bebês não chorem e que cavalos não relinchem. Estas são coisas inevitáveis. Elas simplesmente são obra da natureza.

Então não deseje que as pessoas não cometam erros; em vez disso, deseje ter forças para ser tolerante e condescendente.

Imagine como você seria mais transigente se enxergasse os erros alheios como inevitáveis, naturais ou decorrentes de uma doença.? Eles estão perdidos. Não têm culpa.

Mais uma vez, a única reação adequada é a compaixão e o perdão. Além disso, tente ajudar em vez de culpar aqueles que vacilam.

Atenção: Em todos os momentos, lembre-se de que pode ser que desta vez você esteja errado. Talvez seja você aquele que erra.

NRL: ....
....
....
....

Exercício 43.
A compaixão muda o mundo

> "Assim como sentimos dó dos cegos e coxos, devemos nos compadecer dos cegos e mancos em suas faculdades mais soberanas. O indivíduo que se lembra disso, vos digo, não se zangará com ninguém, não se indignará com ninguém, não insultará ninguém, não culpará ninguém, não odiará ninguém, não ofenderá ninguém." ***Epiteto***

As pessoas que fazem o mal? Compadeça-se delas em vez de culpá-las.

Elas não fazem de propósito. Estão cegas e coxas em sua faculdade mais soberana: a mente, e, portanto, a capacidade de raciocinar corretamente e de fazer uso da razão. Pobres pessoas! Mesmo que os atos delas machuquem você, saiba que elas estão cegas e, portanto, não distinguem o que fazem. Se você for capaz de reconhecer esse detalhe, não ficará zangado com ninguém, não insultará ninguém, não culpará ninguém e não ofenderá ninguém.

É isso que os estoicos nos pedem: para darmos o nosso melhor, mesmo se levarmos um tapa na cara. E é de grande ajuda ter a noção de que o transgressor está limitado em sua aptidão mais importante.

Você não julgaria um colega de time ferido se ele não conseguir pegar a bola, não é? De forma equivalente, o jogador lesionado não deve julgar a pessoa que o repreende, pois sabe que seu agressor de certa forma também está lesionado, não apenas física mas mentalmente. Ainda que a lesão não seja visível.

Uma pessoa já é penalizada o suficiente por estar cega em sua habilidade mais importante.

No entanto, se você acha difícil reconhecer essa lesão nas pessoas que são ríspidas para com você, então atenha-se à frase: "A pessoa que faz o mal, faz o mal para si. A pessoa injusta, é injusta consigo — e assim se torna má."

Marco Aurélio enfatiza que, no final das contas, as pessoas ferem apenas a si mesmas quando fazem algo errado. Talvez elas venham a se sentir culpadas ou envergonhadas depois de agirem injustamente, e talvez não sintam nada. Não importa.

Mas a essa altura você já sabe que a virtude é o bem maior. Se você fizer o certo, terá uma vida feliz. E o mesmo vale para as pessoas que agem de forma errada. Elas não vão levar uma vida feliz.

Tudo o que vai volta.

Então toda vez que alguém fizer mal a você, você tem algumas opções. Talvez você julgue o ocorrido como algo ruim e fique magoado. Talvez você julgue o transgressor como mau e fique com raiva dele. Talvez você veja a situação como neutra e tire o melhor proveito dela. E talvez você reconheça que o transgressor está cego em sua capacidade de usar a razão, e então sinta pena dele em vez de culpá-lo.

Está em seu poder ser gentil com as pessoas. Está em seu poder permanecer fiel ao seu propósito e reagir aos transgressores com compaixão, perdão e bondade.

Porque mesmo que as palavras ou atitudes deles machuquem, você sabe que eles são carentes de sua aptidão mais importante, e em última análise estarão causando o mal apenas a si mesmos.

NRL: ....
....
....
....
....

Exercício 44.
Gentileza gera gentileza

"Onde houver um ser humano, há uma oportunidade para a gentileza." *Sêneca*

Toda vez que você encontrar outro ser, terá uma oportunidade de exercer a gentileza. E não necessariamente um outro ser *humano*, também podem ser gatos, cães e outros animais, e até mesmo plantas.

Se quiser oferecer o melhor de si, a gentileza é um grande valor a ser desenvolvido. E não existe impeditivo para que você seja gentil. É possível sê-lo o tempo todo — sorria para seu vizinho pela manhã, diga oi para o motorista do ônibus e agradeça à caixa do supermercado.

"A bondade é invencível", diz Marco Aurélio, contanto que seja sincera. "Pois o que pode fazer mesmo a pessoa mais maliciosa se você continuar a demonstrar bondade?"

Da próxima vez que for maltratado por alguém, não revide, apenas aceite. Não resista ao que acontece. Aceite tal como é, e reaja com tolerância e gentileza, é o melhor que pode ser feito. "Quase toda descortesia, mesquinhez e crueldade são pura máscara para uma fraqueza profunda", diz Ryan Holiday. "A gentileza nessas situações só é possível para pessoas de grande força."

Seja gentil e demonstre essa força.

Você nasceu bom, diz Marco Aurélio. É sua natureza agir com bondade e solidariedade. Lembre-se, somos todos irmãos, e mesmo que os outros errem, é nossa missão reagir com gentileza. Isso é amor fraternal.

O que impede você de fazê-lo? Proponha-se: em quais situações você deseja demonstrar mais gentileza hoje? Quando e onde você quer doar seu sorriso, ser tolerante com as pessoas que erram, compartilhar um *obrigado* gentil e sincero e oferecer uma mão amiga?

Lembre-se das palavras de Sêneca: "Onde houver um ser humano, há uma oportunidade para a gentileza." E ouça-o novamente: "Hécato diz: 'Posso lhe ensinar uma poção do amor feita sem drogas, ervas ou feitiço especial — para ser amado, amor'."

NRL: ....
....
....
....
....

Exercício 45.
Como lidar com insultos

> "É muito melhor curar do que buscar vingança devido a um ferimento. A vingança desperdiça muito tempo e expõe você a muito mais avarias do que a primeira estocada. A raiva sempre persiste mais do que a dor. Melhor seguir o curso oposto. Ou alguém acharia normal revidar o coice à mula ou a mordida ao cão?" *Sêneca*

Comentários simples porém maledicentes podem estragar um dia inteiro. Mas só se permitirmos.

É fácil ficar com raiva e contra-atacar com um insulto. Ou, quando discordarmos de algo que outra pessoa faz, pensarmos: "Argh, ela me paga por isso!"

Esta é a pior reação possível ao mau comportamento.

Então qual seria a reação estoica aos insultos? Em seu livro *A Guide to the Good Life*, o escritor William Irvine compartilha algumas estratégias em um capítulo a respeito de ofensas. Vejamos o que ele e outros autores dizem.

Uma boa estratégia é fazer uma pausa e perguntar se o que foi dito é verdade. "Por que é um insulto", começa Sêneca, "ouvir o que é evidente por si só?"

Além disso, perguntemos: quem nos insultou? Se for alguém que respeitamos, significa que valorizamos sua opinião e podemos aceitá-la como um tópico no qual podemos melhorar. Se não respeitamos a fonte, então por que se preocupar?

Sêneca aconselha a olhar para um insultante como uma criança grande. Assim como seria tolice a mãe se chatear com comentários de seu filho, seríamos igualmente tolos se nos deixássemos magoar por ofensas de uma pessoa infantil. Pessoas com um caráter tão imperfeito não merecem nossa raiva, diz Marco Aurélio, merecem somente nossa compaixão.

Vamos nos lembrar de que pessoas racionais e sábias não insultam umas às outras, pelo menos não de propósito. Sendo assim, se uma pessoa nos xinga, podemos assegurar que essa pessoa tem um caráter imperfeito e imaturo. Irvine diz que sentir-se insultado por outra pessoa é como levar para o lado pessoal o latido de um cão. Seríamos tolos se ficássemos chateados com o cão e passássemos o restante do dia pensando nele: "Nossa! Aquele cachorro não gosta de mim!"

Marco Aurélio enxergava os insultantes como uma lição: um exemplo do que não devemos ser. "A melhor vingança é ser diferente daquele que causou o dano." A melhor vingança é deixar passar, e ser um exemplo mais digno.

E como devemos reagir quando confrontados?

Os estoicos aconselham usar de humor em vez de realizar contra-ataques. Faça uma piada, dê risada.

Mas às vezes pode ser difícil encontrar as melhores galhofas, certo? Então talvez a melhor estratégia seja não reagir de forma alguma. Em vez de reagir a um insulto, diz Musônio Rufo, "aguente calma e silenciosamente o acontecido".

Lembre-se da arte da aquiescência: é nosso desejo aceitar tudo tal como acontece, pois não está sob nosso controle e não podemos mudar o fato depois que já aconteceu. A realidade é como é.

Então não demonstremos qualquer resistência ao insulto. Não entremos no modo reativo diante de um ataque, defesa ou retirada, deixemos passar reto. Aja como se você não estivesse lá. Não ofereça resistência.

Não existe ninguém presente para se machucar. Desse modo, você se torna invulnerável. O insulto passa direto por você. A pessoa não tem o poder de controlar o jeito como você se sente.

Mas se quiser, no entanto, você pode deixar explícito para essa pessoa que o comportamento dela é inaceitável. Em situações específicas, pode ser que isso se faça necessário. Precisamos ensinar às crianças, por exemplo, como se comportar adequadamente neste mundo. Quando uma criança ou mesmo um aluno interrompe a aula para insultar o professor ou outros alunos, o docente precisa repreender o insultante a fim de manter o ambiente adequado para a aula.

A reprimenda não é uma reação emocional ao insulto, e sim uma ação racionalmente escolhida para auxiliar o insultante a melhorar seu comportamento, e ao mesmo tempo assegurar que o ambiente se mantenha saudável.

Uma outra estratégia é ter em mente as palavras de Epiteto: "O insultante não é a pessoa que abusa de você ou agride você, mas o julgamento que diz que ela é insultante."

Só podemos ser ofendidos se permitirmos que isso aconteça. Se não nos importarmos com o que os outros dizem, não nos sentiremos insultados. Afinal de contas, as ações de outras pessoas não estão sob nosso controle, portanto são indiferentes. Então não nos importemos muito com o que os outros dizem para nós e sobre nós. O que é que eles sabem afinal? Ouça as palavras de Marco Aurélio: "Sou constantemente surpreendido pela facilidade com que somos capazes de amar a nós mesmos acima de todos os outros, porém ainda assim acreditamos mais nas opiniões alheias do que em nossa própria avaliação de nós mesmos... Quanto crédito damos às opiniões que nossos colegas têm a nosso respeito, e o quão pouco temos pelas nossas!"

Leve isso a sério, e não leve a opinião dos outros a seu respeito muito a sério. Treine-se para tolerar seus insultos. Você será mais eficaz para reagir da maneira adequada, ficará mais forte e poderá até se tornar invencível, diz Epiteto: "Quem então é invencível? Aquele que não pode ser perturbado por nada além de sua escolha racional."

NRL:

Exercício 46.
Cicatrizes: siga em frente

"Quando seu parceiro de treino lhe arranha ou lhe dá uma cabeçada, você não faz escândalo, ou protesta, ou o vê com desconfiança ou como um conspirador. E ainda assim você fica de olho nele, não como um inimigo ou alguém sob suspeita, mas com uma evasão saudável. Você deve agir assim com todas as coisas na vida. Devemos aceitar, sem revide, muitos golpes de nossos colegas. Pois, como eu disse, é possível evitá-los sem desconfiança ou ódio."
Marco Aurélio

Encare todos os dias e situações como um treinamento. Você aceitará as coisas mais rapidamente, ainda que sejam irritantes — afinal de contas, é só um treino.

Arranhões acontecem. Não culpe seu parceiro de treino. Não culpe o acontecimento. Estamos todos apenas treinando nesta vida. As coisas dão errado. As pessoas agem como babacas.

De repente, as apostas se tornam muito mais baixas. Interpretamos os erros de forma mais generosa. Somos condescendentes mais uma vez. Somos muito mais resilientes assim.

Imagine o oposto. Que você enxergasse todas as situações como se houvesse um campeonato em jogo... Você ficaria o tempo todo sob intensa ansiedade e reagiria a cada coisinha. É muito mais sábio encarar a vida com tranquilidade e evitar golpes menores com um simples esquivar. Simplesmente sacudir a poeira, como se fosse um treino. Nada aconteceu. Siga em frente.

Você não quer ser aquela pessoa que fica furiosa com meros arranhões. Ela leva as coisas tão a sério que soa ridícula para quem a vê de fora. Acha que aquela mancha quase invisível na roupa estraga seu visual, que aquele comentário obsceno vale uma briga ou que o restinho do leite deixado na geladeira é motivo para perder a cabeça.

Olha, essas coisas podem ser importantes para você, mas não são motivo para explosão. Fique calmo, arranhões acontecem. Sorria e siga em frente. E se for o caso, diga às pessoas que você se suja sempre que toma sorvete, converse para evitar comentários grosseiros e informe o quanto de leite é sensato deixar na embalagem.

"A arte de viver é mais semelhante à luta livre do que à dança", foi a frase que vimos no capítulo 1, "porque uma vida hábil requer preparo para enfrentar e resistir a ataques repentinos e inesperados".

Marco Aurélio lembra que devemos estar preparados para bofetadas repentinas. Todos esses socos e golpes que a vida nos dá são oportunidades de treino. Cada tapa contém uma oportunidade de manter a calma e fortalecer quem você quer ser, mas também o risco de pirar e alimentar aquela pessoa que você não quer ser.

Você é um guerreiro. Nada nem ninguém pode tirar seu equilíbrio facilmente. Você está sempre pronto para encarar alguns socos e chutes laterais. E assim é a vida. Melhor ainda, sabendo que esses chutes o deixam mais forte, você esfrega as mãos e fica ansioso por eles. Eles jamais serão inesperados e intensos o suficiente.

Você quer ser forte. Você quer lidar com a adversidade. Você quer ser inabalável em meio à tempestade. Você quer permanecer calmo quando os outros entram em pânico.

Então você simplesmente não pode se dar ao luxo de dedicar atenção a cada arranhão. É só um treino. Sorria e siga em frente.

NRL: ....
....
....
....

Exercício 47.
Ninguém deve ser abandonado — nem você

"À medida que você avança rumo à razão, as pessoas se interpõem em seu caminho. Elas jamais poderão impedir você de fazer o que é bom, então não permita que nocauteiem sua boa vontade. Mantenha vigilância constante em ambas as frentes, não apenas em seus julgamentos e ações bem fundamentados, mas também em prol da gentileza para com aqueles que representam um obstáculo ou criam dificuldades. Enfurecer-se também é uma fraqueza, tanto quanto abandonar a tarefa ou se render ao pânico. Pois fazer qualquer uma dessas coisas é igualmente uma deserção — uma pelo recuo, e outra pelo afastamento da família e dos amigos. *Marco Aurélio*

Você é um leitor. E como leitor, você aprende diferentes ideias e abordagens para fazer as coisas. Coloca em prática aquilo que mais repercute em sua alma e, como consequência, abandona seu antigo comportamento e instala o aprendizado recente.

A questão é que você muda com o tempo. Você não se apega a hábitos apenas porque é conveniente, você deseja crescer e experimentar novos métodos, e manter aqueles que funcionam.

Há alguns anos, aprendi um monte de coisa sobre laticínios e decidi cortá-los de vez da minha alimentação. Essa mudança afetou principalmente a mim. Só que em algumas ocasiões, poderia ter afetado outras pessoas também; por exemplo, se eu dissesse ao meu pai: "Desculpe, não posso comer esta omelete porque você colocou leite nela". Ou se eu negasse estritamente toda sobremesa ou comida contendo leite.

Mas resolvi não seguir esse caminho por uma questão de facilitar as coisas. Para mim e para outros. Eu não queria ter de me explicar em todas as ocasiões que não comia determinado alimento porque ele continha leite. Além disso, esse tipo de explicação às vezes poderia estimular algumas pessoas a se oferecerem para preparar algo especialmente para mim, e eu não queria dar trabalho. E para completar, eu sempre bebi muito leite durante toda a minha vida e nunca foi um problema, então por que criar um drama agora só por causa de um golinho?

Então, com o leite, essa mudança foi tranquila, porque afetou principalmente a mim e eu escolhi não ser 100% rigoroso para assim não afetar os outros.

Mas em relação a outras mudanças, pode ser que encontremos ventos contrários mais intensos. "À medida que você avança rumo à razão", diz Marco Aurélio, "as pessoas se interpõem no seu caminho." Ao instalar novos hábitos e tentar progredir, outros podem não se mostrar tão eficazes ou dispostos a acompanhar você.

Sendo assim, é nosso desafio não abandonar o novo caminho e, ao mesmo tempo, não abandonar nossos amigos e familiares.

Ryan Holiday compara isso a fazer dieta: quando todos no seu grupo estão comendo sem muito critério, há um alinhamento natural. Mas se depois de ler algum livro você decidir que vai se alimentar de forma mais saudável, logo surgirão conflitos. E aí teremos uma discussão sobre o lugar ideal para se comer.

"Assim como você não deve abandonar seu novo caminho simplesmente porque outras pessoas podem ter problemas com ele", diz Ryan, "você também não deve abandonar essas pessoas. Não as descarte simplesmente. Não se zangue ou brigue com elas. Afinal de contas, elas estão na mesma posição que você esteve há não muito tempo."

Só porque você leu *Barriga de trigo* e de um dia para o outro escolheu não comer mais glúten, isso não significa que você vá abandonar todos os seus amigos por ainda comerem glúten. Oras, há poucos dias foi você quem organizou a noite da pizza!

Em suma, não devemos abandonar os outros só porque escolhemos mudar, mas também não devemos abandonar nossa mudança. Esse é um desafio que todos enfrentaremos mais cedo ou mais tarde, não necessariamente com o glúten, mas talvez com outras ideias e valores.

Comer menos (ou nenhuma) carne, perder menos tempo jogando videogame, assistir a menos notícias, passar mais tempo ao ar livre, ler mais, comprar menos bens materiais, malhar com mais frequência, parar de beber excessivamente todo fim de semana ou reclamar menos.

Agora, claro que é um desafio se ater ao seu novo caminho e não abandonar os outros. Porque as diferenças podem ser imensas. Mas se você tentar e der tempo ao tempo, tenho certeza de que vai encontrar um meio-termo. Leve sua marmita para a noite de pizza, prepare-se para jejuar, se necessário, explique suas motivações a outras pessoas e talvez faça concessões uma vez ao mês.

Seja gentil e paciente com os outros, afinal, há não muito tempo você estava na mesma posição que eles.

Encontre maneiras de seguir seu novo caminho. Mas também não vá ferir seus valores.

NRL: ....

Exercício 48.
Tranquilidade não tem preço

> "Começando por coisas de pouco valor — um pouco de azeite derramado, um pouco de vinho roubado —, repita para si: 'Por um preço tão pequeno, compro tranquilidade e paz de espírito.'" ***Epiteto***

Essa é uma das minhas ideias estoicas favoritas.

Este pensamento me salvou de ficar com raiva e irritado em inúmeras ocasiões. Quantas vezes ficamos com raiva por causa de ninharias? Quantas vezes perdemos a cabeça por algo tão insignificante como uma flatulência no banheiro?

Permitimos que as pequenas coisas estimulem nossa raiva, e que nossas consequentes ações despertem a raiva nos outros, e assim por diante. O desejo dos estoicos é manter a calma mesmo em meio a uma tempestade, mas ficamos loucos quando nosso colega de apartamento se esquece de lavar a louça, quando encontramos marcas do número dois no vaso sanitário ou quando ele não cumpre suas obrigações em casa.

Claro que não precisa ser assim. Antes de reagir a qualquer coisa que desperte a fúria dentro de você, diga: "Em vez disso, prefiro comprar tranquilidade". Então sorria, faça o que precisa ser feito e siga em frente.

Nada aconteceu. Você logo vai perceber que as pequenas coisas que geralmente causam irritação não valem esse trabalho todo. Apenas engula quaisquer sentimentos que surjam dentro de você e siga sua rotina. Isso vai lhe poupar os nervos e muita energia.

Eis o principal desafio: para começar, precisamos estar cientes dos sentimentos que surgem dentro de nós. Para isso, temos de ser capazes de nos colocarmos entre o estímulo e a resposta automática. E uma vez que nos inserirmos nessa lacuna, é necessário recorrer à autodisciplina para de fato comprar a tranquilidade e não reagir de modo algum.

Quanto mais você compra tranquilidade, mais fácil é. E isso vale para situações mais desafiadoras também.

As "freadas" no vaso sanitário são fáceis de resolver, leva apenas alguns segundos para limpar. O vinho tinto no seu vestido branco também é fácil, é só um vestido. Um empate final e decisivo contra o seu time ainda é viável, é só um jogo. Um namorado traidor já é algo mais desafiador, pois vai exigir um pouco de tristeza e raiva.

O que quero dizer é que quanto mais você praticar a aquisição de tranquilidade, melhor pessoa será. Em algum momento, vai poder comprar tranquilidade até em meio ao mais completo caos.

Em última análise, tudo se resume ao princípio estoico de que não são os acontecimentos que nos perturbam, mas nosso julgamento a respeito deles. Se reconhecermos nosso poder e trouxermos consciência e disciplina às situações desafiadoras, então estamos no caminho certo para nos tornarmos uma pessoa emocionalmente resiliente e constante.

Se esse é o caminho que você quer seguir, pergunte-se: "Em quais situações posso comprar tranquilidade com mais frequência?"

NRL: ....
....
....
....
....
....

Exercício 49.
Coloque-se no lugar do outro

"Quando se deparar com insultos, com ódio, com o que quer que seja... olhe para a alma da pessoa. Permaneça dentro dela. Veja que tipo de ser humano ela é. Você descobrirá que não precisa se esforçar para impressioná-la." *Marco Aurélio*

Muitas vezes somos rápidos em julgar.

- O pai no transporte coletivo que não manda seus filhos barulhentos se aquietarem — dizemos que ele não faz a menor ideia de como ser pai.
- O motorista que ultrapassa todos os sinais vermelhos — somos rápidos em julgá-lo um babaca.
- A mãe que nos xinga no playground — achamos que está completamente louca.

Agora, na maioria dos casos, não sabemos nada sobre a outra pessoa, e ainda assim, a julgamos e reclamamos dela.

Os estoicos nos aconselham a nos colocarmos no lugar do outro, a tentar ver pela perspectiva dele antes de fazer um julgamento.

Devemos adentrar suas mentes, diz Marco Aurélio. E ver como são. Em que tipo de coisa se empenham. E o que evoca seu amor e admiração. "Imagine suas almas desnudas". Devemos fazer um esforço para tentar nos colocar sob a perspectiva do outro antes de julgá-lo.

Para os estoicos, é mais importante amar do que ser amado. Eles se condicionam a lidar com pessoas desafiadoras, principalmente para evitar reagir impulsiva e furiosamente.

É por isso que devemos tentar nos colocar no lugar deles e entender o motivo por trás de sua ação. E talvez assim enxerguemos suas motivações. Talvez consigamos entendê-los. E talvez cheguemos à conclusão de que estão enganados em suas razões.

Lembra-se do pai com as crianças barulhentas no transporte público? Aquele que dissemos não fazer a menor ideia de como ser pai? Bem, deixe-me contar uma história breve sobre esse homem e seus filhos, ligeiramente adaptada da história original que Stephen Covey conta em seu livro *Os Sete Hábitos das Pessoas Altamente Eficazes*.

Esse pai está no transporte público, o rosto entre as mãos, a imagem do sofrimento. Seus dois filhos estão correndo e gritando. As pessoas estão irritadas com eles. Você também está, e acha que o pai deveria cuidar de seus pimpolhos. Você se levanta e se aproxima do homem:

"Com licença, senhor, seus filhos estão muito barulhentos. Pode pedir a eles que fiquem quietos?"

"Oh, me desculpe", responde ele. "Eu simplesmente não sei o que fazer. Acabamos de vir do hospital, a mãe deles faleceu."

Opa!

Que bela mudança de perspectiva, certo?

Julgamos as pessoas, mas não temos conhecimento da situação delas. Não conhecemos sua história, não sabemos por que fazem o que fazem. Basicamente, não sabemos nada a respeito delas.

Saibamos de cor o conselho dos estoicos então, de sempre aguardar um segundo do nosso tempo antes de julgar os outros. Coloque-se no lugar deles e pense nas possíveis razões para agirem dessa maneira. Talvez você fizesse o mesmo se estivesse na situação deles. Quem sabe?

NRL: ....
....
....
....
....
....
....
....
....
....
....
....
....
....
....
....
....
....

Exercício 50.
Escolha bem suas companhias

"Evite confraternizar com não filósofos. Mas caso seja obrigado, acautele-se para não cair ao nível deles; pois, você sabe, se um camarada se suja, é inevitável que seus amigos se sujem também, não importa o quão limpos eles estivessem inicialmente." ***Epiteto***

Nem sempre podemos escolher as pessoas com quem convivemos. É por isso que os estoicos oferecem tantas estratégias para lidar com indivíduos intransigentes.

No entanto, até certo ponto, é possível escolher algumas de nossas companhias, sim. Podemos, por exemplo, selecionar aqueles com quem queremos passar a maior parte do nosso período de lazer. Ou escolher a quais eventos iremos e com quem ir.

Como diz Epiteto, se nossos camaradas se sujam, terminaremos sujos também. É por isso que Sêneca nos avisa que vícios são contagiosos — eles se espalham como um incêndio, mas nem sempre são notados de pronto.

Isso é a dita pressão de grupo básica — fazemos coisas que normalmente não faríamos. De repente, estamos nos comportando de forma contrária aos nossos valores. Estamos nos adaptando às pessoas que nos cercam. Talvez você já tenha ouvido a famosa ideia de Jim Rohn: "Você é a média das cinco pessoas com quem convive mais tempo".

É por isso que devemos escolher nossos amigos com cuidado. Eles detêm o poder de nos puxar até o nível deles, seja para cima ou para baixo. Ou você melhora, graças às pessoas com quem convive, ou piora também por causa delas.

"Evite confraternizar com gente baixa. Aqueles que não são contidos quando sóbrios, tornam-se muito mais imprudentes quando ébrios." Sêneca tem um bom argumento. Sua solução?

"Associe-se a pessoas que possam tornar você uma pessoa melhor."

Claro, pode haver o caso de pessoas que você ama também serem capazes de arrastá-lo para baixo com suas atitudes, mesmo quando sóbrias. São indolentes. Não se importam muito com os padrões morais. Não estão interessadas em serem melhores, isso sem mencionar o estoicismo. Elas acham que o estoicismo é a ideia mais chata e irritante que você já compartilhou.

O que fazer com essas pessoas? Epiteto diz: "A chave é estar sempre em companhia de pessoas que elevam, cuja presença desperta o que você tem de melhor".

Então, ou elas se mostram dispostas a mudar para melhor ou você simplesmente passa menos tempo com elas. Se seus amigos não tornam você alguém melhor, não o incentivam a nada, nem mesmo o apoiam em sua ambiciosa busca por evolução moral, então é hora de abandoná-los.

Você não precisa romper e nunca mais vê-los, mas pode conscientemente gastar menos tempo com eles. E pode sempre conversar com as pessoas, algumas serão toda ouvidos para escutar sobre seus conhecimentos, ideias e atividades recém-adquiridos.

Sêneca também aconselha a passar menos tempo com os reclamões: o camarada "que está sempre chateado e lamenta tudo é inimigo da tranquilidade".

Além de gastar *menos* tempo com as reclamações e com aqueles que só nos colocam para baixo, devemos também tentar passar *mais* tempo com pessoas que provavelmente nos farão melhores. Isso faz todo o sentido, se você convive mais com alguém exemplar, é mais provável que mimetize seus bons exemplos.

Mas onde encontrar pessoas que irão fazer de você alguém melhor? Seja criativo. Experimente uma aula de ioga, participe de palestras do TED Talks ou afins, participe de um clube do livro ou curso de idiomas, ou qualquer outra coisa do tipo. Tenho certeza de que existem muitas pessoas por aí com muito a ensinar.

Lembre-se, porém, de que você também pode ser irritante. Todos nós temos falhas. Portanto, ao mesmo tempo que pensamos em nos cercar de pessoas melhores, não devemos nos esquecer de que também vacilamos. Cometemos erros, nem sempre somos justos e podemos ser chatos. Tenha isso em mente.

Concluindo, a ideia de escolher bem suas companhias não tem a ver só com as pessoas com quem você passa a maior parte do tempo, mas também com não desperdiçar seu precioso tempo. A tentação e os desperdiçadores de tempo estão à espreita, então precisamos prestar atenção ao que estamos fazendo e com quem fazemos.

Em geral, se você quiser ser a melhor pessoa possível, cerque-se das melhores pessoas. Se você quiser evitar ficar com raiva e irritado, não gaste tempo com indivíduos que provavelmente o deixarão com raiva e irritado.

NRL: ....
....
....
....
....
....
....

Exercício 51.
Não julgue os outros, só a você mesmo

"Alguém se banha com pressa; não diga que ele se banha do jeito errado, mas com pressa. Alguém bebe muito vinho; não diga que ele bebe do jeito errado, mas em excesso. Até conhecer as razões do outro, como você sabe se suas ações são mal-intencionadas? Isso vai poupar você de perceber a clareza das coisas, e então de concordar com o diferente." **Epiteto**

Nossas mentes são muito velozes em julgar.

Rotulamos as pessoas com base em pouquíssimas informações. Somos preconceituosos. Ah, ele é professor. Ah, ela é mulher. Ah, olha só esses sapatos do Fulano.

Flagramos os erros alheios de forma abundante.

Olha, na maioria das vezes não *queremos* julgar os outros tão depressa, simplesmente é algo automático, esses julgamentos espocam quase magicamente em nossas cabeças.

No entanto, devemos assumir a responsabilidade por isso, pois é uma escolha aquiescer ou não com esses julgamentos. Então mesmo que a mente diga que aquele cara é um péssimo pai por não cuidar dos filhos, você pode escolher aceitar ou não essa percepção.

Você tem o poder de fazer uma pausa e examinar a situação de maneira objetiva. O que você realmente sabe sobre o tal sujeito? Qual exatamente é a situação que se apresenta? Você sabe?

Recuse-se a aceitar tudo o que não seja objetivo. Atenha-se aos fatos e descreva a situação de maneira neutra, sem agregar valor a ela.

Lembre-se de que você só será livre se for capaz de olhar os acontecimentos externos com indiferença. E determinar valor a um evento imediatamente é tudo, exceto indiferença.

Devemos aprender a distinguir entre os fatos e nossos julgamentos de valor. Qual é o fato? O que eu acrescentei a ele?

O segredo para fazer isso é adiar nossa reação. "Espere um pouco, impressão... deixe-me colocá-la à prova."

E agora, em vez de colocar a impressão à prova — o que geralmente não é importante, de qualquer forma —, você deve se lembrar do seu objetivo. Se estiver levando a sério algum conselho da filosofia, então seu objetivo é ser uma pessoa melhor, tornar-se melhor, manifestar sua versão mais elevada.

"Deixe a filosofia eliminar suas falhas, em vez de ser um meio de protestar contra as falhas alheias."

Sêneca nos lembra aqui para que serve a filosofia: queremos extinguir nossas próprias falhas. O foco está dentro de nós. Para nos tornarmos melhores e permitirmos que outras pessoas façam isso sozinhas. Cada um deve seguir seu caminho.

Suas falhas estão sob seu controle. As falhas de outrem, não. Você dá fim aos seus defeitos e deixa que outras pessoas eliminem os delas por conta própria.

Não devemos nos esquecer do porquê nos envolvemos com a filosofia, para início de conversa: para melhorar a nós mesmos. Não é uma ferramenta para corrigir os outros. Isso só vai servir para causar dor e sofrimento.

Deixe as outras pessoas com suas falhas. Nada no estoicismo nos dá poder para julgá-las — apenas para aceitá-las e amá-las como são. Concentremo-nos no nosso processo interno. Existe material suficiente para corrigirmos em nós mesmos.

Agora pare por um momento e imagine o mundo se todos nós nos abstivéssemos de julgamentos precipitados e nos concentrássemos em eliminar somente nossos erros. O que você vê?

NRL: ....
....
....
....
....

Exercício 52.
Fazer o bem não é o mesmo que não fazer o mal

"Muitas vezes a injustiça reside no que você não está fazendo, não apenas no que você está fazendo." ***Marco Aurélio***

Claro, é ótimo se você não intimidar colegas de trabalho. Mas se você apenas ficar lá assistindo, e talvez até mesmo rindo, dos comentários maldosos de um outro colega agressor, então você não é melhor do que ele.

Pare com esse comportamento imaturo. Interfira, ajude o assediado. Requer só um pouco de coragem, faça o que é certo.

O mal triunfa quando os bons cidadãos se recusam a se envolver. Há um ditado famoso sobre isso inclusive: "A única coisa necessária para o triunfo do mal é a inércia das pessoas de bem".

Não seja a pessoa inerte. Você não tem nada a perder. E se liderar pelo exemplo, muitos mais o seguirão. As pessoas só precisam de um líder. Você pode ser esse líder.

Aposto que você já testemunhou a seguinte cena: uma pessoa rude tirando todo mundo do sério.

É um clássico. Todo mundo fica olhando para essa pessoa irritante e vai ficando com raiva, mas ninguém tem coragem de encerrar a loucura. Até que um herói entra em cena, vai até o louco, fala alguma coisa e *voilà*, problema resolvido.

Qualquer um poderia ter feito isso. Mas ninguém se considerou a pessoa certa para fazê-lo. Ou ninguém teve coragem de confrontar o chato.

Só que nem sempre há um herói presente, e a loucura continua até que o jogo no estádio ou o filme no cinema cheguem ao fim, ou que você vá para casa depois de uma noite estressante.

Olha, eu sei que não é fácil tomar a iniciativa e enfrentar pessoas inconvenientes, especialmente se for uma situação que ofereça algum tipo de risco — ninguém está pedindo a você para entrar num embate corporal com um sujeito armado com uma faca.

Comece com pequenas coisas. O sujeito mastigando ruidosamente ao seu lado no transporte público. Seu colega de trabalho com um hálito terrível. Ou o sujeito na sauna que nunca fecha a porta.

Levei dois longos minutos, e um bocado de irritação, para dizer ao sujeito que, por favor, fechasse a porta da sauna. Mas em vez de pedir imediatamente, fiquei numa batalha interna, aí me vi bravo com ele e de repente percebi o quanto meus pensamentos e comportamento estavam sendo ridículos.

Da próxima vez, serei mais rápido para solicitar o cumprimento daquelas que considero boas maneiras. Por favor, entre na fila como todo mundo. Abaixe o volume. Por gentileza, feche a porta.

Concordo, isso pode soar um pouco controlador. Mas não soa muito mais inteligente confrontar, arriscar uma situação embaraçosa, e talvez até ajudar essa pessoa, em vez de se chatear e se enfurecer por dentro e continuar a não fazer nada?

É engraçado como escolhemos sentir raiva por estranhos em vez de pedir educadamente que parem ou mudem o comportamento. Ryan Holiday expressa isso bem: "Não queremos somente que as pessoas sejam melhores, esperamos que isso aconteça magicamente — que basta desejarmos que o outro mude, que vamos conseguir abrir suas mentes simplesmente encarando seus crânios com nosso olhar zangado."

Marco Aurélio lembra a si mesmo, e a nós, de usar a razão em tais situações: "Você se enfurece quando as axilas de alguém fedem ou quando estão com mau hálito? De que adianta? Se existem a boca e as axilas, elas emanarão odores. Você diz que o outro deve ter bom senso, mas será que ele sabe que está incomodando? Bem, você também tem bom senso, parabéns! Portanto, use sua razão natural para despertar a razão no outro, mostre-lhe, convoque. Se a pessoa lhe der ouvidos, você a terá curado sem uma raiva inútil. Não há necessidade de drama ou escândalo desnecessários."

Eu digo a mesma coisa. É mais fácil não dizer nada e ficar amargo do que ser corajoso, confrontar a situação e talvez ter um desfecho feliz.

Como aspirantes a estoicos, porém, devemos antes reunir toda a nossa coragem e tentar ajustar a situação para todos os envolvidos. Se você estiver com mau hálito, não gostaria de ser informado sobre isso? Se você cheira mal, não gostaria de saber?

A pessoa irritante pode não estar ciente de que está incomodando. Então por que não apontar isso a ela e lhe dar a oportunidade de mudar? E ao mesmo tempo, dar a si a oportunidade de ficar tranquilo?

Não é suficiente simplesmente não fazer o mal. Devemos ser uma força para o bem no mundo, mesmo em situações pequenas. Da melhor forma que conseguirmos ser.

NRL: ....
....
....
....
....
....
....
....
....
....
....

Exercício 53.
Fale somente o indispensável

"Que o silêncio seja seu objetivo na maior parte do tempo; diga apenas o necessário e seja breve. Nas raras ocasiões em que for convocado a falar, então fale, mas nunca sobre banalidades como gladiadores, cavalos, esportes, comida e bebida — coisas corriqueiras. Acima de tudo, não faça fofoca sobre as pessoas, seja exaltando-as, culpando-as ou comparando-as." *Epiteto*

Da próxima vez que estiver conversando com alguém, preste atenção no assunto. Você verá que todo mundo fala sobre si. Qualquer que seja o tópico discutido, todos sempre vão encontrar algo sobre a própria vida para acrescentar à conversa.

É um hábito nosso. Gostamos de falar sobre nós mesmos. E por causa disso não escutamos o que está sendo dito, e sim ficamos na expectativa de falar quando chegar a nossa vez.

E se falamos sobre os outros, certamente é para fazer alguma crítica. Nós fofocamos. Ficamos nos comparando aos outros naquilo que pensamos ser melhores. Se pararmos para pensar, ceder à fofoca e julgar as pessoas que não estão presentes para se defender não parecem coisas justas a se fazer.

Os estoicos são claros sobre isso: não faça fofoca. Não culpe. Não reclame. Não fale muito. Principalmente se for para falar sobre coisas irrelevantes.

"Em sua conversa, não se detenha excessivamente em seus próprios feitos ou aventuras." Epiteto é taxativo: não conte histórias demais. "Só porque você gosta de relatar suas façanhas, não significa que os outros têm o mesmo prazer ao ouvi-las."

Ninguém quer ouvir suas histórias exageradas sobre a época da escola, os esportes e festas. É irritante e egocêntrico. Você pode achar ótimo porque está no cerne da conversa, mas como é para os outros? Claro, eles sorriem e não comentam muita coisa, mas como se sentem de fato?

Marco Aurélio aconselha a falar apenas aquilo que pensamos ser justo, e sempre com gentileza, modéstia e sinceridade.

A questão é: fale apenas quando tiver certeza de que o que você vai dizer vale a pena.

Além disso, pratique o que você prega. Fale mais com suas ações do que com suas palavras.

Essa ideia é muito simples de colocar em prática. Entre numa conversa com a intenção de ouvir na maior parte. Observe o que os outros falam. Atente-se ao seu desejo de dizer algo (provavelmente vai ser relacionado a um de seus feitos), e só diga quando for indispensável.

Conecte-se às pessoas. Pare de ficar fazendo um showzinho para elas. Deixe que elas falem mais. Aprecie o ato de escutar.

NRL: ....
....
....
....
....

Exercício 54.
Ouça para compreender

"Adquira o hábito de prestar atenção cuidadosamente ao que está sendo dito por outra pessoa e de adentrar, tanto quanto possível, na mente do interlocutor." *Marco Aurélio*

Os estoicos aconselham ouvir em vez de falar.

E ao ouvir, você deve prestar atenção ao que está sendo dito para que entenda o que o interlocutor está tentando expressar. Dessa forma, você reconhece os valores e a autonomia da outra pessoa.

O objetivo ao entrar numa conversa é entender o que o outro quer lhe dizer. Você ouve com a intenção de compreender. Isso é chamado de *escuta empática*. E vai melhorar muito seus relacionamentos.

Resista ao impulso de falar. Aceite que existe algo dentro de você que anseia por responder imediatamente, que deseja muito acrescentar algo à conversa. Mas, na maioria das vezes, isso não é necessário, e é até mesmo prejudicial ao diálogo.

Marco Aurélio descreve bem essa propensão: "Na conversa, deve-se prestar atenção ao que está sendo dito e, com atenção a cada impulso, atentar-se ao conteúdo que surge; em último caso, para vislumbrar desde o início qual a conclusão se tem em vista, e principalmente para manter atenção cuidadosa sobre o que as pessoas desejam expressar." Sua pergunta principal é: o que o outro tenta expressar?

Ouça o que está sendo dito e leve em consideração as emoções que vêm no encalço das palavras. É assim que você promove a compreensão e a conexão entre você e o interlocutor.

Lembra-se do fundador do estoicismo, Zenão de Cítio, o cara do naufrágio? O biógrafo grego Diógenes Laércio escreveu que Zenão disse o seguinte a algum jovem que falava bobagem: "A razão pela qual temos duas orelhas e apenas uma boca é para que possamos escutar mais e falar menos".

Numa conversa, estabeleça uma regra pessoal para segurar a onda. Seja a pessoa que escuta durante a maior parte do tempo e só fala aquilo que acrescenta à conversa. As pessoas vão se beneficiar, mesmo que não lhe digam nada. E você não apenas melhorará suas habilidades de escuta empática, mas, de maneira mais geral, suas habilidades de conversação e observação e, além disso, seus relacionamentos.

Como disse Zenão: "Melhor tropeçar com os pés do que com a língua".

NRL: ....
....
....
....
....
....
....
....
....
....

Exercício 55.
Lidere pelo exemplo

"Não perca tempo discutindo como uma pessoa boa deve ser. Seja uma." *Marco Aurélio*

Lidere com suas ações. Seja o exemplo. Um modelo ativo supera o discurso facilmente.

Não instrua, e sim demonstre silenciosamente. Comece se olhando no espelho. "Aja de acordo com seus princípios", diz Epiteto, "por exemplo, em um banquete, não diga como se deve comer, mas coma como convém."

Há um grande perigo, diz ele, em discorrer sobre seu aprendizado. Porque você pode acabar vomitando o que ainda não foi digerido. "Pois nem as ovelhas vomitam o pasto e mostram aos pastores o quanto comeram; mas quando digerem o pasto, elas produzem lã e leite."

Da mesma forma, não devemos falar sobre o que ainda não foi totalmente digerido, e sim comprovar em ações a digestão de toda a teoria. Não relate o que você aprendeu, demonstre.

Assim, quando alguém tratar você com grosseria, você pode demonstrar seu aprendizado e responder com gentileza e perdão. Pois se reagir com grosseria, isso só provará que você não aprendeu nada ainda. Você é igual ao outro.

Mas se você conseguir permanecer calmo e ponderado, e escolher uma resposta tolerante e compassiva, então estará dando o exemplo. E outros o acompanharão. Talvez até mesmo seu agressor.

Os estoicos dizem que devemos estabelecer padrões e então viver de acordo com eles. É a função da filosofia examinar e manter os padrões, "mas a função de uma pessoa verdadeiramente boa é fazer uso desses padrões assim que os conhece".

Epiteto não poderia ser mais claro: devemos viver de acordo com os padrões que conhecemos.

Você admirou alguma das ideias apresentadas neste livro? Concordou com algumas delas? Então seja a pessoa verdadeiramente boa que também vive de acordo com o que aprendeu.

Pergunte-se: "Quem eu quero ser no mundo?"

E então viva em conformidade a isso. Se você quer ser gentil, então seja gentil. Se você quer ser paciente, seja paciente. Se você quer ser honesto, seja honesto.

Se você viver de acordo com suas crenças e padrões, entrará numa harmonia chamada *consonância cognitiva*. Você pensa e age como tal. Isso é ótimo.

Coloque em prática o que você acredita ser o correto.

Lidere pelo exemplo, e outros o seguirão. As pessoas seguem a ação mais do que a instrução. Sendo assim, demonstre ativamente o que você pensa ser a melhor coisa a se fazer. Como diz o ditado: seja a mudança que você deseja ver no mundo.

"Não perca tempo discutindo como uma pessoa boa deve ser. Seja uma."

NRL: ....
....
....
....
....

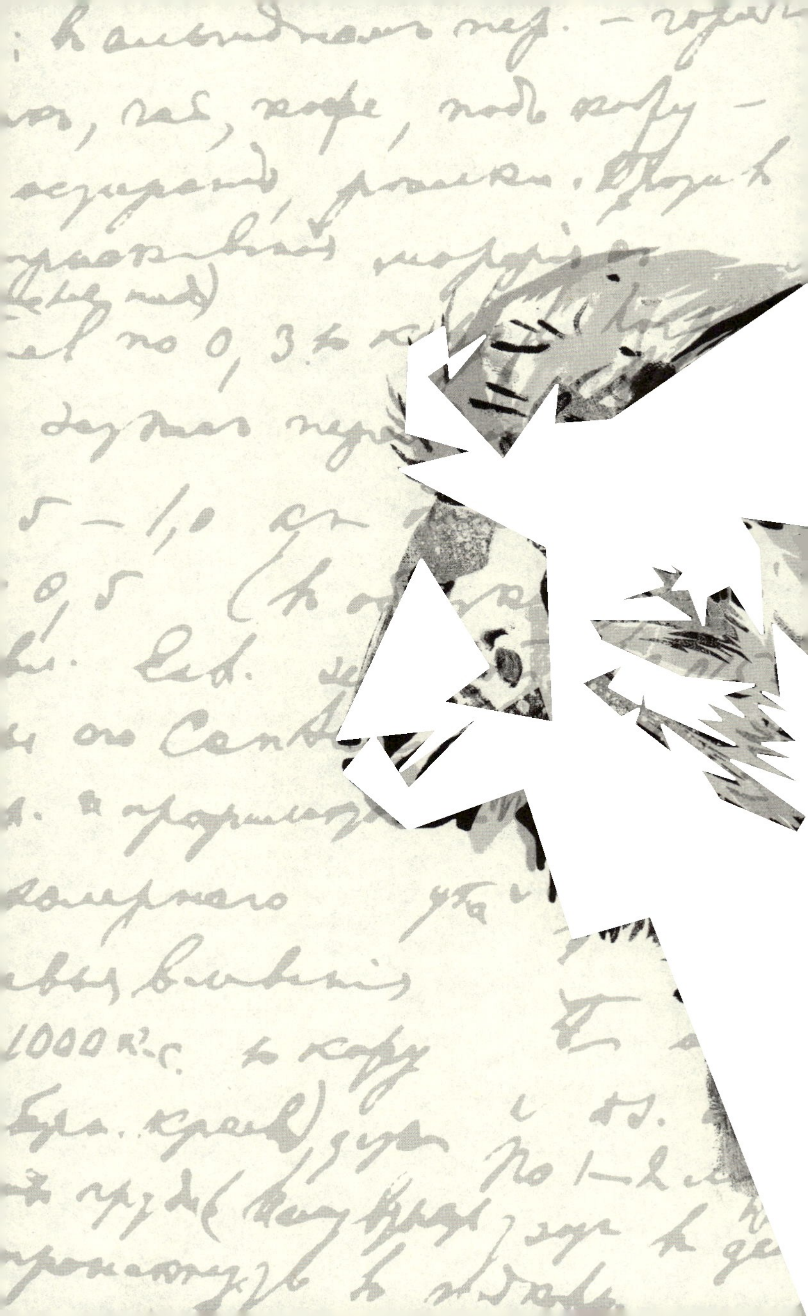

BIBLIOGRAFIA ESTOICA

"A leitura nutre a inteligência." *Sêneca*

COVEY, STEPHEN R. *Os Sete Hábitos das Pessoas Altamente Eficazes: lições ponderosas para a transformação pessoal*. Rio de Janeiro: BestSeller, 2005.

DIÓGENES LAÉRCIO. *Lives of the Eminent Philosophers*. Vol. 2. R.D. Hicks (trad.). Cambridge, MA: Harvard University Press, 1925.

EPITETO. *The Discourses*. Disponível em: http://classics.mit.edu/Epictetus/discourses.html. (Acesso em 27/05/2021)

EPICTETUS. *Manual*. George Long (trad.). Nova York: Dover Publications, 2004.

EVANS, JULES. *Seneca and the Art of Managing Expectations*. Disponível em: https://www.cbu.ca/wp-content/uploads/2017/01/8-Why-is-it-important-to-Manage-our-Expectations.pdf.

FRANKL, VIKTOR. *Man's Search for Meaning*. Boston, MA: Beacon Press, 2006.

HADOT, PIERRE. *Philosophy as a Way of Life*. Arnold I. Davidson (ed.). Cambridge, MA: Blackwell, 1995.

HADOT, PIERRE. *The Inner Citadel: The Meditations of Marcus Aurelius*. Cambridge, MA: Harvard University Press, 1998.

HOLIDAY, RYAN. *The Obstacle Is the Way: The Art of Turning Adversity to Advantage*. Londres: Profile Books, 2015.

HOLIDAY, RYAN; HANSELMANN, STEPHEN. *The Daily Stoic: 366 Meditations on Wisdom, Perseverance, and the Art of Living*. Nova York: Portfolio, 2016.

IRVINE, WILLIAM B. *A Guide to the Good Life*. New York: Oxford University Press, 2008.

JOHNSON, BRIAN. "How to high five your inner daimon". Disponível em: https://www.optimize.me/plus-one/how-to-high-five-your-inner-daimon/

KATIE, BYRON; MITCHELL, STEPHEN. *Loving What Is: Four Questions that Can Change Your Life*. Nova York: Harmony Books, 2002.

LONG, A.A. *Epictetus: A Stoic and Socratic Guide to Life*. Oxford: Clarendon Press, 2002.

MARCO AURÉLIO. *Meditações*. Londres: Penguin Group, 2006.

MILLMAN, DAN. *Way of the Peaceful Warrior: A Book that Changes Lives*. Novato, CA: New World Library, 2000.

MUSÔNIO RUFO. *The Lectures and Sayings of Musonius Rufus*. Cynthia King (trad.). Createspace, 2011.

PIGLIUCCI, MASSIMO. *How to Be a Stoic: Ancient Wisdom for Modern Living*. Londres: Rider, 2017.

ROBERTSON, DONALD. *Stoicism and the Art of Happiness: Ancient Tips for Modern Challenges*. Londres: Hodder & Stoughton, 2013.

ROBERTSON, DONALD. *The Philosophy of Cognitive Behavioural Therapy (CBT)*. Londres: Karnac, 2010.

SÊNECA. *Dialogues and Letters*. C.D.N. Costa (trad. e ed.). Londres: Penguin Group, 2005.

SÊNECA. *Letters from a Stoic*. Londres: Penguin Group, 2004.

SÊNECA. *Moral Essays*. Vol. 1. John W. Basore (trad.). Cambridge, MA: Harvard University Press, 1928.

STEPHENS, WILLIAM O. "Stoic Ethics". In: *Internet Encyclopedia of Philosophy*. Disponível em: http://www.iep.utm.edu/stoiceth/

TALEB, NASSIM N. *Antifragile: Things that Gain from Disorder*. Nova York: Random House, 2012.

Gratidão

Em primeiro lugar, gostaria de agradecer a você, leitor, por dar a um autor estreante e desconhecido uma oportunidade de provar seu valor. *Obrigado* pelo seu tempo. Agradeço sinceramente.

Nils, meu irmão, parceiro de negócios e amigo, *merci* por seu apoio infinito. Sem você, este livro nunca teria visto a luz do dia.

Ryan Holiday, você não me conhece, mas sou um dos muitos a quem você apresentou essa filosofia maravilhosa. *Obrigado* pela sua inspiração e trabalho árduo.

E obrigado a todas as pessoas que me apoiaram nesta dura jornada. A luta valeu a pena.

Obrigado!

JONAS SALZGEBER buscava um estilo de vida melhor quando tropeçou no estoicismo. No cerne desta filosofia acionável está o objetivo de levar uma vida feliz, mesmo (especialmente) em face da adversidade. Ele escreve, junto ao irmão, para um pequeno exército de pessoas notáveis em njlifehacks.com e sempre partilha aquilo que considera mais útil em nosso mundinho perturbador.

HENRY LYMAN SAŸEN (1875-1918), norte-americano, destacou-se tanto por suas habilidades artísticas quanto por suas invenções científicas. Ficou conhecido por revolucionar o ramo da radiologia em sua época e também por seus quadros intensamente influenciados pelas escolas fauvista e cubista. Foi aluno de Henri Matisse. Seu trabalho intenso e vivaz estampa a guarda de *O Pequeno Manual Estoico*.

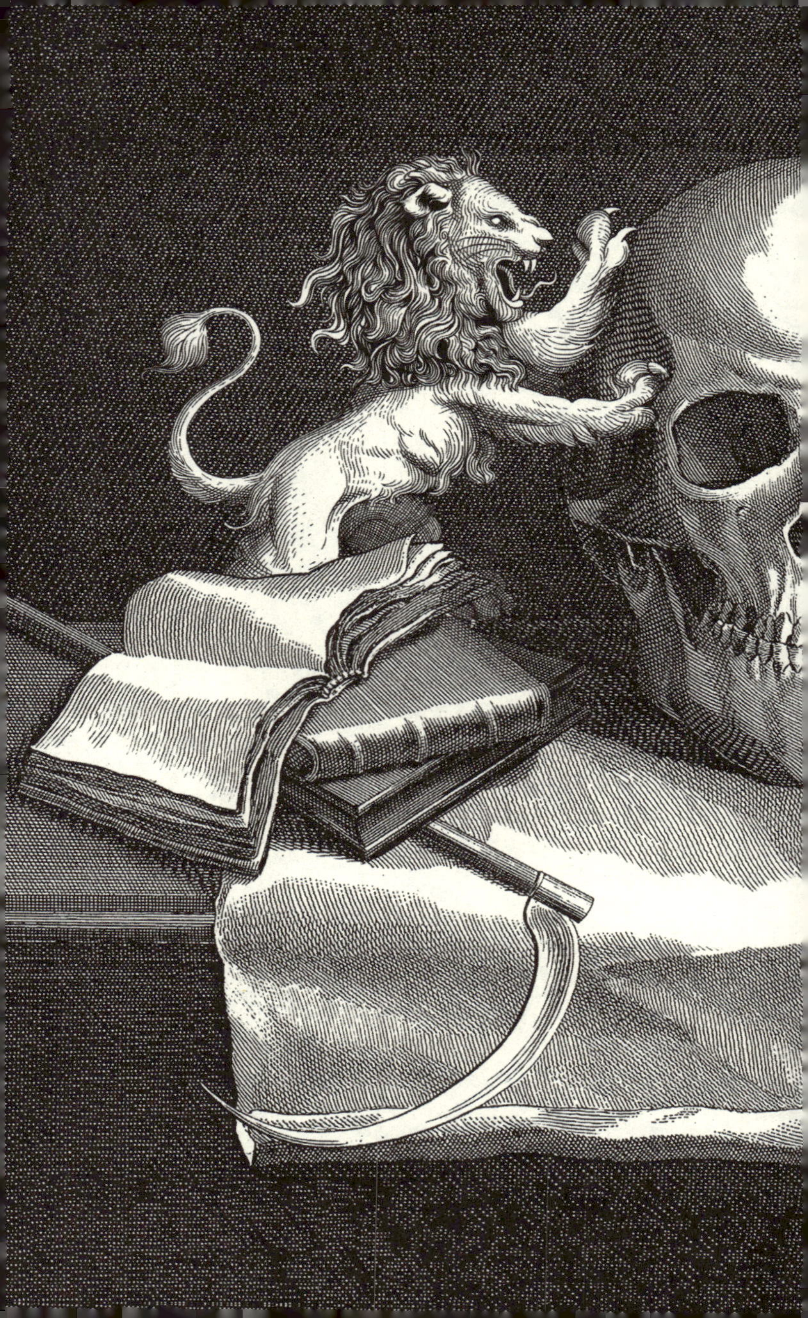

"A vingança nunca é plena.
Mata a alma e a envenena."

Sêneca & Seu Madruga

somos aprendizes
SOMOSLIVROS.COM.BR

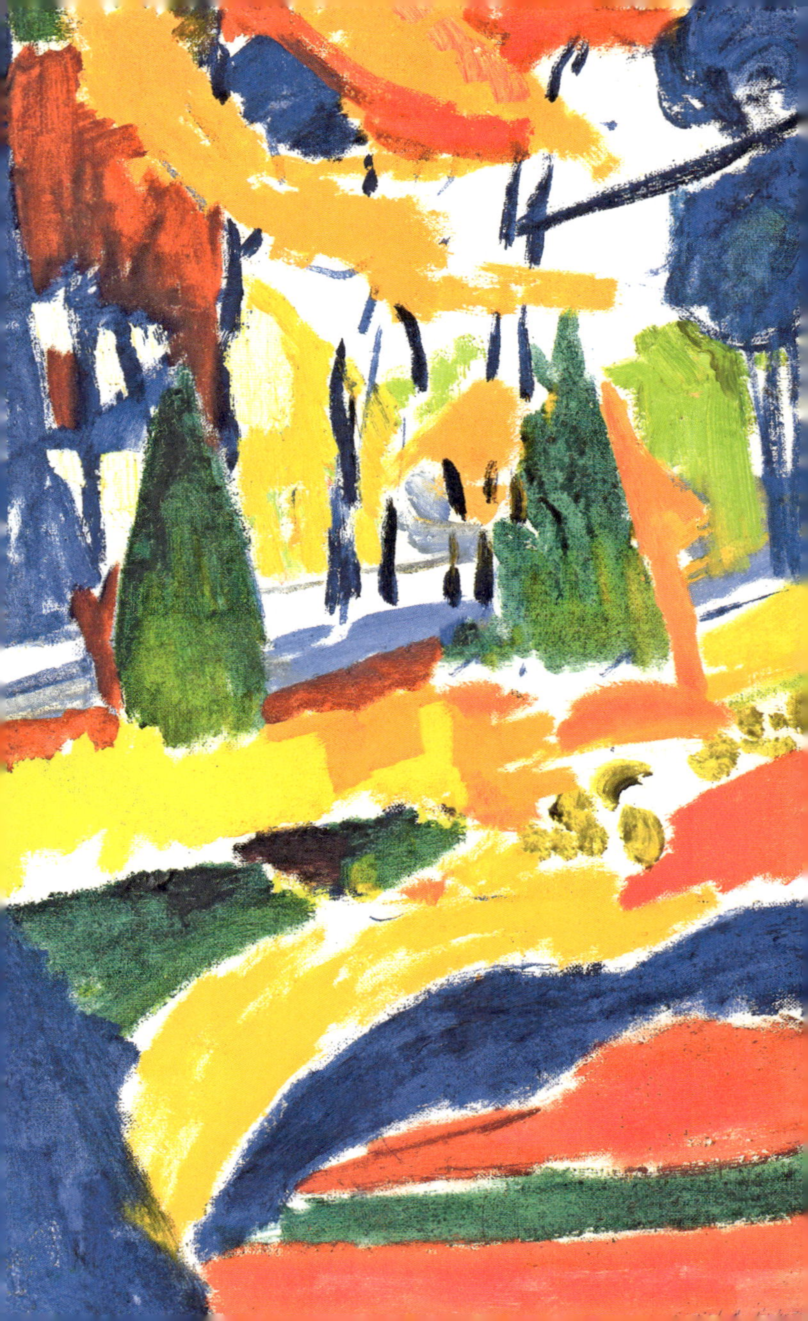